Alle Jahre wieder

Die schönsten Weihnachtsklassiker
für Kinder zum Vorlesen und Selberlesen

Dieses Buch gehört:

_____

E. T. A. Hoffmann · Frances H. Burnett · Hans Christian Andersen

Alle Jahre wieder

Die schönsten Weihnachtsklassiker
für Kinder zum Vorlesen und Selberlesen

Arena

MIX
Papier aus verantwor-
tungsvollen Quellen
FSC® C110508

1. Auflage 2018
© Arena Verlag GmbH, Würzburg 2018
Alle Rechte vorbehalten
Einbandillustration: Sonja Egger
Gesamtherstellung: Westermann Druck Zwickau GmbH
ISBN 978-3-401-70752-5
www.arena-verlag.de

Inhalt

E. T. A. Hoffmann

wurde 1776 in Königsberg geboren. Er studierte Jura
und arbeitete einige Jahre als Rechtsassessor. 1805
zog er nach Berlin, wo er als Musiker, Zeichner und
Schriftsteller tätig war. Ab 1814 war er wieder am
Kammergericht in Berlin angestellt. Er starb am
25. Juni 1822 in Berlin.

Wolfgang Knape,

geboren 1947 in Stolberg/Harz, studierte
wissenschaftliches Bibliothekswesen in Leipzig und
besuchte dort auch das Institut für Literatur. Er ist
Vater von drei Kindern und lebt als freier
Schriftsteller in Leipzig.

Petra Probst,

geboren 1958, hat in München und Turin grafische
Gestaltung und Kunst studiert. Sie illustriert seit
vielen Jahren für Kinder und hat verschiedene
Auszeichnungen erhalten. Petra Probst lebt mit ihrer
Familie in Italien.

E. T. A. Hoffmann
Nussknacker und Mausekönig

Neu erzählt von Wolfgang Knape

Mit Bildern von Petra Probst

Am Heiligen Abend

Es rauschte und raschelte. Es flüsterte und wisperte. Es knarrte und knackste. Es summte und sang.

Dazwischen hörte man Schritte. Das waren die Eltern. Aber es war noch jemand gekommen. Er hatte an die Tür zum Weihnachtszimmer gepocht und war darin verschwunden.

Fritz und Marie Stahlbaum hatten ihn nicht sehen können. Sie saßen im Kinderzimmer und warteten auf die Bescherung. Es war der 24. Dezember, und bei Familie Stahlbaum ging es sehr geheimnisvoll zu. Die Tür zum Wohnzimmer war verschlossen. Dahinter schmückten die Eltern den Weihnachtsbaum.

Irgendjemand half ihnen dabei.

Vielleicht war es das Christkind. Vielleicht war

es der Onkel Drosselmeier.

Die Kinder liebten ihren Patenonkel.

Er beschenkte sie jedes Jahr mit einer

wunderschönen Bastelei.

„Was werden wir wohl diesmal bekommen?",

flüsterte Marie.

„Was hättest du gern?", fragte der Bruder

ebenso leise zurück.

„Ach, eine neue Puppe wäre mir schon sehr

recht. Fräulein Trude ist etwas wackelig auf

den Beinen. Sie benötigt Gesellschaft und

jemanden, der sie unterhakt."

„Ich brauche dringend ein feuriges Pferd", sagte

Fritz. „Und eine Festung für meine Soldaten.

Vielleicht hat der Onkel Drosselmeier sie schon

gebaut."

„Du und deine Festungen und deine Soldaten!",

spottete Marie. „Ich glaube, er schenkt uns

diesmal einen schönen Garten und ein

Schloss."

14

Fritz wollte seiner kleineren Schwester gerade widersprechen. Doch da wanderte ein Lichtschein an der Schwelle vorbei.
Gleich darauf ertönte ein Glöckchen. Es wurde hell. Die Eltern öffneten die Tür.
„Das Christkind war da!", rief Vater Stahlbaum aufgeregt. „Lasst uns sehen, was es euch beschert hat."
Die Mutter nahm Marie bei der Hand, und der Vater führte Fritz ins Weihnachtszimmer.
Wie verzaubert blieben sie vor dem Lichterbaum stehen. An seinen Zweigen hingen Äpfel und Engel, vergoldete Nüsse, Glaskugeln und bunte Bonbons.
Für Marie gab es tatsächlich eine neue Puppe und ein wunderschönes Kleid. Fritz freute sich über fünf Husaren und einen feurigen Fuchs. Darauf ritt er sofort durchs Zimmer und rammte um ein Haar den Weihnachtsbaum.
Dann klingelte es. Der Onkel Drosselmeier wurde stürmisch begrüßt. Sein Geschenk stand bereits neben dem Weihnachtsbaum.

Ein Tuch war darübergedeckt. Und die Kinder waren gespannt, was es wohl diesmal war.

Der Patenonkel war schmächtig und klein. Eine Perücke saß auf seinem Kopf. Außerdem fehlte ihm das rechte Auge, weshalb er an dieser Stelle eine Augenklappe trug.

Der Onkel Drosselmeier hatte goldene Hände. Er verstand sich auch auf Spieldosen und Uhren. Diesmal aber hatte er tatsächlich ein Schloss gebaut!

Das war erleuchtet. Ein Ball fand gerade statt. Vornehme kleine Herren tanzten mit festlich gekleideten winzigen Damen.

Das Schloss stand in einem Garten. Schwäne schwammen auf dem Teich.

„Da ist dir aber wieder etwas Schönes gelungen!", rief Marie glücklich.

In diesem Moment trat ein Herr an eines der Fenster des Schlosses. Er sah aus wie der Onkel Drosselmeier, winkte und verschwand.

Dann begann alles noch einmal.

Marie konnte sich nicht sattsehen. Fritz aber langweilte sich sehr.

„Weshalb tanzen deine Figuren nur in eine Richtung?", fragte er den Onkel. „Und musst du immer aus demselben Fenster winken? Geh doch einmal durchs Tor."

„Das ist nicht möglich, lieber Fritz", erklärte der Onkel. „Dafür ist der Mechanismus nicht geschaffen."

„Wenn das so ist, dann mag ich dein Schloss nicht leiden!", schimpfte Fritz.

Sein Benehmen kränkte den Onkel Drosselmeier. Am liebsten hätte er sein Geschenk gleich wieder eingepackt und wäre gegangen. Aber Marie sagte, dass das Schloss auch ihren Puppen sehr gefiele. Und Mutter wollte wissen, wie alles funktioniert. Da nahm der Onkel Drosselmeier das Schloss auseinander und erklärte Maries Mutter den Mechanismus. Darüber vergaß er sogar den Ärger mit Fritz.

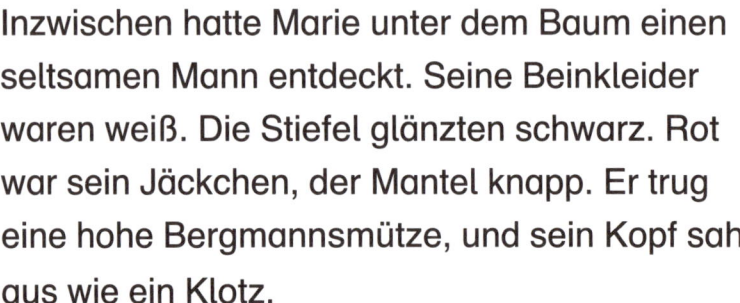

Inzwischen hatte Marie unter dem Baum einen seltsamen Mann entdeckt. Seine Beinkleider waren weiß. Die Stiefel glänzten schwarz. Rot war sein Jäckchen, der Mantel knapp. Er trug eine hohe Bergmannsmütze, und sein Kopf sah aus wie ein Klotz.

„Der kleine Mann soll für uns arbeiten", erklärte der Vater, und dann legte er dem Mann eine Nuss zwischen die Zähne. Er drückte das Mäntelchen herunter. „Krrrak!", machte es da, und die Nuss war entzwei.

Auch Marie knackte sich eine Nuss und aß den Kern. Fritz wählte eine besonders große und harte Nuss. Er ging nicht sehr sorgsam vor. Der Nussknacker verrenkte sich den Kiefer und verlor drei Zähne dabei.

„Ein richtiger Nussknacker muss das können!", sagte Fritz.

Marie war wütend auf ihren Bruder. Am liebsten hätte sie ihm eine Nuss an den Kopf geworfen. Dann bückte sie sich und suchte nach den herausgefallenen Zähnen.

„Der Fritz ist einfach zu wild",
sagte der Vater zu Marie. „Kümmere du
dich künftig um unser Nussknackerchen."
Und das wollte Marie mit Freuden tun!
Als der Onkel Drosselmeier das Haus verließ,
war es schon spät. Fritz führte seine Husaren
gerade ins Nachtquartier.
Das befand sich im großen Glasschrank, wo
auch Maries Puppen ihre Wohnung hatten und
andere Spielzeugfiguren standen.

Und im obersten Regal hatten die Kunstwerke
von Onkel Drosselmeier ihren Platz.
Marie wollte noch ein Weilchen bei ihren
Puppen und dem verletzten Nussknackerchen
bleiben. Und weil Weihnachten war, erlaubte
die Mutter es ihr. Vorm Schlafengehen
löschte Frau Stahlbaum noch
sämtliche Lichter.
Nur eines ließ sie
brennen. Das war
für Marie.

Die verlorene Schlacht

Mit dem Nussknacker auf dem Arm war Marie
noch ein wenig auf und ab gegangen. „Dem
Fritz darfst du nicht böse sein", sagte Marie.
„Eigentlich ist er ein vernünftiger Junge. Nur
wenn er seine Husaren kommandiert, benimmt
er sich manchmal sehr dumm. Aber warte nur.
Der Onkel Drosselmeier wird bald kommen.
Er setzt dir die Zähne wieder ein. Und dein Kinn
repariert er auch."
Kaum hatte Marie den Namen Drosselmeier
erwähnt, da war ihr, als hätte der Nussknacker
gezuckt. Aber das konnte ja bei einer
Holzpuppe nicht gut möglich sein.

Marie schlang ein Tuch um das Kinn des
Nussknackers. Dann legte sie ihn in das
Bettchen von der Puppe Klara, die selbst nun
auf dem Sofa darunter schlief. Marie schloss die
Schranktür und wollte gerade das Zimmer
verlassen. Doch da begann es, ringsum zu
wispern, zu knistern und zu rascheln. Von der
Wanduhr blickte eine große Eule herab.
Marie wurde es unheimlich. Die Uhr schlug
Mitternacht. Die Eule war verschwunden. Der
Onkel Drosselmeier saß jetzt auf ihrem
Platz.

Sein gelber Frack verdeckte die Uhr. Marie rief
nach ihm. Aber der Onkel antwortete nicht.
Nach dem letzten Uhrenschlag war Bewegung
in das Zimmer gekommen. Das war ein Trippeln
und Trappeln! Es piepte, es fiepte, es pfiff!
Hunderte Mäuse zwängten sich aus Löchern
und Ritzen hervor. Der Mausekönig führte sie
an. Schrecklich sah er aus. Sieben Hälse
wuchsen aus seinem Körper. Und auf jedem
saß ein hässlicher Kopf.
Das Blut erstarrte der kleinen Marie in den
Adern. Sie wich zurück und fiel gegen die
Scheibe des Glasschranks.

Drinnen begann es zu rumoren. Die Puppen liefen aufgeregt umher. Eine nach der anderen sprang aus dem Regal: ein Trommler und vier Schornsteinfeger, zwei Zitherspieler und ein Clown. Sogar Affen und Löwen stürzten sich vom oberen Fach in die Tiefe.

Der Trommler trommelte den Generalmarsch. Der Boden bebte. Die Deckel der Schachteln, in denen die Soldaten vom Fritz schliefen, sprangen auf. Das war ein Wiehern und Stampfen! Ein Rennen und Rollen! Fahnenträger eilten an die Spitze.

Mutig zog die Puppenarmee des Nussknackers gegen den Feind.

Die Mäuse schossen nun aus allen Kanonen.

Und was da heranflog, hinterließ hässliche
Flecke und stank fürchterlich nach Mausedreck.
Der Kampf wogte hin und her, ein Sieg war für
die Armee des Nussknackers nicht mehr zu
erringen.
Die Soldaten waren einfach zu ungeübt. Und die
Übermacht der Mäuse war zu groß.
Ein feindlicher Trupp hatte den Nussknacker
eingekesselt. Der kämpfte mit seinen letzten
Getreuen vor dem Glasschrank.
Doch schon jagte der Mausekönig heran. Aus
sieben Mäulern dröhnte sein schreckliches
„Hurra!". Da gab es niemanden, der dem
Nussknacker zu Hilfe eilen konnte. Außer der
kleinen Marie.

Als sich der Mausekönig auf den Nussknacker stürzen wollte, schleuderte Marie mit aller Kraft ihren Schuh gegen das grässliche Tier.
Die Mäuse rannten auseinander.
Marie spürte noch einen stechenden Schmerz, dann fiel sie ohnmächtig zu Boden.
Als die kleine Marie wieder erwachte, lag sie in ihrem Bettchen. Neben ihr saß Doktor Wendelstein. Am Fußende stand die Mutter.
Wie lange sie geschlafen hatte? Marie wusste es nicht. Was mit ihr geschehen war? Auch das vermochte sie nicht zu sagen.
„Du hast gestern Abend noch mit deinen Puppen gespielt", sagte die Mutter. „Wir haben dich dann am Morgen gefunden. Du bist wohl in den Schrank gefallen und später eingeschlafen. Überall lagen Scherben herum, und dein Arm sah ziemlich böse aus. Fünf Splitter hat dir Doktor Wendelstein herausgezogen."
„Wie geht es dem Nussknacker? Ist er gerettet?", fragte Marie. „Und dieser scheußliche Mausekönig – ist er tot?"

Frau Stahlbaum war es etwas unangenehm,
dass Marie im Beisein des Doktors solchen
Unsinn erzählte.
Doch Doktor Wendelstein winkte ab. „Kein
Wunder bei solchem Wundfieber", beruhigte er
die Mutter.
Nachdem der Doktor gegangen war, erzählte
Marie die ganze Geschichte.

Und als sie damit fertig war, wurde die Mutter
nachdenklich: „Du hast ja wirklich eine sehr
lebhafte Fantasie. Aber etwas merkwürdig finde
ich es doch: Deinen Schuh haben wir neben dem
Schrank gefunden. Und das Nussknackerchen
lag auf deinem blutenden Arm . . .“

Während Marie das Bett hütete, besuchte sie
auch der Onkel Drosselmeier. Er hatte dem
Nussknacker inzwischen die fehlenden Zähne
eingesetzt und auch sonst noch einiges an ihm
ausgebessert und repariert.

„Weshalb hast du ihm kein Schwert
umgehängt?“, wollte Fritz wissen. „Zu einem
richtigen Nussknacker gehört ein Schwert.“

„Schnickschnack!“, sagte der Onkel
Drosselmeier. „Ich habe ihn am Leib kuriert und
basta! Braucht er ein Schwert, wird er sich das
schon allein beschaffen.“

Das sah Fritz schließlich ein.

Draußen wurde es dunkel. Da wollten die
Kinder von Onkel Drosselmeier noch eine
Geschichte erzählt bekommen.

Die von der Prinzessin Pirlipat und der Nuss
Krakatuk kannten sie noch nicht.
Der Onkel zog sich einen Sessel heran.
Dann begann er zu erzählen.

Prinzessin Pirlipat und die harte Nuss

Es war einmal ein König. Der war rund wie eine Regentonne, denn er aß sehr gern. Seine Leibspeise waren frisch gekochte Würste mit Speck. Die bereitete ihm seine Frau nach einer sehr alten Rezeptur. Sobald der Wurstduft in seiner Nase kitzelte, eilte der König in die Küche. Er tauchte seinen Finger in den Wurstbrei und rührte mit dem Zepter im Kessel herum. Dann gab er der Königin einen Kuss und hüpfte vergnügt zu seinen Ministern zurück.

Der König und die Königin hatten eine Tochter.
Die hieß Pirlipat und war wunderschön.
Pirlipat besaß schon bei der Geburt
sämtliche Zähne. Und als der
Reichsmarschall einmal seinen
Finger über die Wiege hielt,
biss sie kräftig hinein.

Im Schloss gab es noch andere Bewohner.
Unter den Dielen lebte Frau Mauserink mit
ihrem Gefolge und sieben Söhnen.
Einmal kamen hohe Gäste aufs Schloss,
und der König wollte sie mit Würsten bewirten.
Als seine Frau den Speck anbriet, erschien
Frau Mauserink.
„Gib mir etwas vom Speck", bettelte sie.
Und die Königin, weil sie ein gutes Herz hatte,
gab ihr davon. Doch Frau Mauserink kam
wieder, und sie verlangte noch mehr.
Und dann erschienen auch ihre gefräßigen
Söhne und fielen über den Speck her. Für die
Würste blieb nur noch ein kläglicher Rest.
„Wo ist mein Speck?", fragte der König zornig,
als er in seine Wurst biss.

Da musste ihm die Königin beichten, was geschehen war. Der König aber war außer sich. Er tobte so sehr, dass ihm die Krone auf die Nase rutschte.

Die Eingänge zum Reich der Mausekönigin wurden vernagelt und verstopft.

Aber die Diebe fanden neue Wege. Sie stahlen weiter Würste und Speck.

Am Hofe gab es einen geschickten Uhrmacher, der auch Drosselmeier hieß. Er baute Uhren, Spieldosen und Mausefallen.

Der König beauftragte ihn mit der Vertreibung der Mäuse. Der kluge Mann stellte Fallen auf. In jede legte er ein Stück Speck.

Frau Mauserink durchschaute den Trick. Doch ihre Söhne fielen darauf herein und fanden den Tod. Die übrigen Mäuse nahmen Reißaus.

In das Schloss kehrte wieder Ruhe ein. Der König saß zufrieden an seiner Tafel und labte sich an Würsten mit Speck.

Einmal stand die Königin wieder in der Küche.
Da sprang etwas Großes, Graues, Hässliches
auf ihren Tisch.
Frau Mauserink war zurückgekehrt!
Sie wollte ihre Söhne rächen und quiekte:

> „Königin, gib acht!
> Ich komme in der Nacht!
> Ich mache Bett und Kissen rot
> und beiße deine Tochter tot!"

Der Königin fiel die Wurstschüssel aus der Hand.
Sie rannte zum König. Der schickte eine Wache
vor Pirlipats Tür. Außerdem zogen sechs
Aufpasserinnen in ihr Zimmer ein. Und jede hatte
einen Kater mit scharfen Krallen auf dem Schoß.
Drei Nächte ließ sich Frau Mauserink nicht
blicken. In der vierten Nacht schlief die
Kinderfrau, die neben der Wiege saß, ein.
Auch ihr Kater musste gähnen und schloss die
Augen dabei.
Darauf hatte Frau Mauserink nur gewartet.
Als die Kinderfrau aufwachte, stockte ihr der
Atem. Die Mausekönigin stand an der Wiege.

Sie rieb ihre Schnauze an Pirlipats Kopf.
Auch der Kater war sofort auf den Beinen und
schoss auf Frau Mauserink zu. Doch die war
schneller und entwischte in ihr Loch.
Die Kinderfrau sah in die Wiege. Pirlipat lebte!
Der Prinzessin war offensichtlich nichts
geschehen. Doch dann begann es, in dem Kind
zu rucken und zu zucken. Der kleine Körper
verformte sich. Die Augen wurden starr.

Das hübsche Lockenköpfchen verschwand. Eine hässliche Kugel saß stattdessen auf dem Hals. Die Kinderfrau schrie. Die anderen Aufpasserinnen sprangen von ihren Stühlen. Die Wachen stürzten herein.
Der König, die Königin und sämtliche Minister eilten herbei. Und alle blickten voller Entsetzen in die Wiege und auf das Kind.
Der Uhrmacher wurde geholt. Er hatte die Fallen schließlich gebaut und aufgestellt.
„Bringt meiner Tochter ihre Schönheit zurück!", verlangte der König. „Vier Wochen gebe ich euch Zeit. Danach verliert ihr all eure Uhren und ratzeputz auch den Kopf!"
Das empfand der Uhrmacher als riesengroße Gemeinheit. Schließlich war es der König gewesen, der seinen Speck nicht hatte teilen wollen und die Mäuse fangen ließ.
Der arme Drosselmeier fügte sich in sein Schicksal. Er nahm die Prinzessin auseinander und sah lange in ihr Innerstes hinein.

Er schlief an ihrer Wiege und wusste sich keinen Rat. Schließlich fiel ihm Pirlipats Vorliebe für Nüsse ein. Sie lächelte, sobald man ihr eine Nuss zeigte. Und sie hörte zu schreien auf, sobald ein Kern in ihren Mund geriet.

Der Uhrmacher eilte zu seinem Freund, dem Sternendeuter. In einer alten Schrift lasen sie von der Nuss Krakatuk. Ihr Kern könnte die Prinzessin heilen. Wo man die Nuss suchen sollte, erfuhren sie jedoch nicht.

Die Frist war abgelaufen. Der Scharfrichter schärfte bereits sein Beil.

Doch dann dachte der König an Pirlipat.

Mit seiner Erlaubnis machten sich Drosselmeier und der Sternendeuter auf die Suche nach der geheimnisvollen Nuss.

Viele Jahre waren die beiden unterwegs. Sie zogen durch ferne Länder. Sie überquerten hohe Gebirge und weite Meere. Sie fielen unter Piraten und wilde Tiere. Die Nuss fanden sie aber nicht.

Eines Abends sagte der Uhrmacher: „Ist es nicht egal, wo wir nach ihr suchen? Lass uns deshalb nach Nürnberg gehen. Schon lange Zeit habe ich meine liebe Vaterstadt nicht mehr gesehen."

Als sie eintrafen, fand gerade der berühmte Nürnberger Weihnachtsmarkt statt.

Die wunderbarsten Düfte lagen in der Luft. Herrliche Klänge waren zu vernehmen. Überall gab es etwas zu bestaunen. Fröhlich zogen die Menschen von Stand zu Stand.

Auch ein Vetter des Uhrmachers hatte hier seine Bude. Er war Puppendrechsler und freute sich sehr über das Wiedersehen. Als er vom Grund für die lange Reise hörte, musste er lächeln. Schließlich sagte er: „Liebster Vetter! Ich glaube, euch kann geholfen werden. Eine solche Nuss befindet sich zufällig in meinem Besitz."

Der Uhrmacher glaubte, sich verhört zu haben. Die halbe Welt hatten sie bereist.

Und jetzt sollte das Gesuchte in Nürnberg sein?

42

„Vor einigen Jahren kam ein fremder
Nussverkäufer in unsere Stadt", erzählte der
Puppenmacher. „Doch sein Sack mit den
Nüssen wurde von einem Wagen überfahren.
Sämtliche Nüsse waren aufgebrochen.
Nur eine nicht. Die kaufte ich ihm ab."
Der Puppenmacher zeigte den beiden ein
Kästchen. Darin lag eine vergoldete Nuss. Unter
der Farbe wurden fremdartige Schriftzeichen
sichtbar. Dann das Wort „Kra-ka-tuk"!
Da warf der Uhrmacher vor lauter Freude seine
Perücke in die Höhe. Der Astronom küsste ihn
auf die Stirn. Und beide umarmten den
Puppenmacher.
Jetzt fehlte nur noch der unrasierte Jüngling,
der die Nuss aufknacken sollte.
Der Sternendeuter studierte den Himmel.
Dann sah er vor sich die gesuchte Gestalt.
„Es ist der Sohn eures Vetters!", sagte der
Astronom. „Er wurde noch nie rasiert.
Und in der Bude seines Vaters knackt er
den Mädchen die Nüsse auf!"

Als der Puppenmacher hörte, dass sein Sohn
eine Prinzessin retten und König werden sollte,
ließ er ihn mit Freuden ziehen.

Die Nachricht von der Ankunft der Nuss
Krakatuk hatte sich schnell verbreitet.
Zahlreiche Prinzen und starke Männer warteten
schon bei Hofe. Jeder wollte die Nuss knacken
und die Prinzessin zur Frau nehmen.
Doch sosehr sie sich auch mühten, keiner von
ihnen konnte die Nuss öffnen.
Dann kam die Reihe an den jungen Herrn
Drosselmeier. Der gefiel der Prinzessin sofort.
Er legte die Nuss zwischen seine Zähne.
Dann machte es: „Krrrak!". Und die Nuss sprang
auf.
Der junge Herr Drosselmeier reichte der
Prinzessin den süßen Kern. Kaum hatte sie ihn
verschluckt, erhielt sie ihr früheres Aussehen
zurück.
Ein Wunder war geschehen!
Die Menge jubelte.
Der König tanzte vor Freude auf einem Bein.

Die Königin aber fiel erst einmal
ohnmächtig um.
Auf den jungen Drosselmeier aber wartete
noch eine letzte Prüfung.
Sieben Schritte musste er rückwärtsgehen.
Fast wäre er dabei gestolpert. Denn Frau
Mauserink verließ gerade ihr Loch.
Als er zum letzten Schritt ansetzen wollte, trat
er auf ihren Körper. Frau Mauserink starb sofort.
Der junge Herr Drosselmeier aber verlor im
gleichen Moment seine schöne Gestalt!

Ein unförmiger Holzkopf saß jetzt auf
seinem Körper. Der Mund sah aus
wie ein großes Maul. Und er trug
einen hölzernen Mantel. Mit ihm
öffnete und schloss man das Gebiss.
Als die Prinzessin ihren Retter so verunstaltet
sah, rief sie: „Fort mit ihm! Fort! Ich will diesen
hässlichen Nussknacker nicht sehen!"
Auch der König hatte sein
Versprechen vergessen und
schickte ihn weg. Nur der Uhrmacher und sein
Freund überlegten, wie sie ihm helfen konnten.
Der Astronom blickte wieder lange in den
Himmel. „Ein kleines Mädchen könnte ihn
retten", sagte er schließlich. „Doch das müsste
ihn lieb haben, so wie er nun mal ist."
Und der Uhrmacher antwortete: „Aber wo, mein
Lieber, findet man in diesen Zeiten ein solches
Kind?"
Mit diesen Worten beendete der Onkel
Drosselmeier die Geschichte von der
Prinzessin Pirlipat und der harten Nuss.

Der Mausekönig ist besiegt

Maries Verletzung, die sie sich am Glasschrank zugezogen hatte, war sehr schmerzhaft und verheilte nur langsam.

Eine ganze Woche lag sie im Bett, weil ihr schwindlig wurde, wenn sie aufstand. Als sie endlich wieder genesen war, lief sie sofort zu ihren Puppen und zu ihrem Nussknackerchen im Schrank.

Inzwischen wusste sie ja, dass er der Neffe von Onkel Drosselmeier war. Frau Mauserink hatte ihn verhext. Deshalb sah er so seltsam aus. Außerdem war Marie klar, dass der Patenonkel kein anderer als der Uhrmacher am Hofe von Pirlipats Vater war.

„Ich möchte bloß wissen, weshalb dir der Onkel in der Schlacht nicht geholfen hat", sagte Marie zum Nussknacker. „Er saß doch auf der Uhr und hat alles mit angesehen. Auch die Soldaten von Fritz haben sich nicht gut gehalten. Die rannten weg und hatten die Hosen voll!", schimpfte Marie. „Aber auf mich kannst du dich verlassen! Der Mausekönig soll nur wiederkommen! Diesmal werfe ich auch meinen zweiten Schuh!"

Da klingelte ein Glöckchen im Schrank, und ein feines Stimmchen sang:

> „Maria klein,
> Schutzenglein mein,
> Dein werd ich sein,
> Maria mein."

So unheimlich Marie dabei zumute war, so spürte sie doch ein seltsames Wohlbehagen.
In der nächsten Nacht wachte sie auf.
Es rumpelte und polterte. Es trippelte und trappelte. Es piepte, es quiekte und pfiff.
Die Mäuse waren gekommen. Der Mausekönig sauste unter der Kommode hervor! Schrecklich war er anzusehen! Aus vierzehn Augen funkelte er Marie böse an. Und aus sieben Mäulern schrie er: „Gib all dein Marzipan heraus, sonst ist's mit diesem Nussknacker aus!"
Schnell schob ihm Marie die Schüssel mit den Marzipankugeln hin. Sofort fiel der Mausekönig mit seinem Gefolge darüber her. Das war ein Rülpsen, ein Schubsen und Schmatzen!
Das Nussknackerchen war erst einmal gerettet.

Danach verschwand die wilde Schar.

Doch der Mausekönig kam wieder. Und jetzt verlangte er die Zuckerfiguren, die Marie so liebte. Den Schäfer, die Herde, das pausbäckige Kind . . .

„Ach, junger Herr Drosselmeier", sagte Marie, als sie niemand hören konnte. „Bald hab ich auch die letzte Süßigkeit hergegeben. Die letzte Puppe. Mein Lieblingsbuch. Das letzte Kleid. Was soll dann werden?"

Vom Schrank her war wieder dieses feine Stimmchen zu vernehmen. Es sang:

„Maria klein,
Schutzenglein mein,
ein Schwert muss sein.
Maria mein."

Marie zog Fritz ins Vertrauen. Er musste ihr jetzt helfen. Aufmerksam hörte der Bruder zu. Er machte sich auch nicht lustig über die Schwester. Fritz dachte nach. Dann ging er zu einem alten Obristen.

Er nahm dessen Schwert und hängte es dem
Nussknacker um.
Was in der folgenden Nacht geschah – niemand
hatte es gesehen. Am Morgen klopfte es. Der
Nussknacker stand vor der Tür. In der rechten
Hand hielt er noch das blutige Schwert. Von der
Linken streifte er sieben funkelnde Krönchen.
Die hatten dem Mausekönig gehört.
Jetzt machte er sie Marie zum Geschenk.
„Der Mausekönig ist tot!", sagte der
Nussknacker. „Nun zeige ich dir das
Puppenreich, das mir versprochen worden war."
Er führte Marie zum alten Kleiderschrank. Die
Tür stand offen, und auf der Stange hing der
Reisemantel des Vaters. Der Nussknacker zog
an einer Schnur. Eine Strickleiter fiel aus dem
Ärmel. Auf der kletterten sie bis zum Kragen
hinauf. Dort erblickten sie ein wunderschönes
Land. Sie gingen über eine Wiese voller
Kandiszucker.

Dann kamen sie zu einem Tor aus
Rosinen und Zuckermandeln. Sechs
lustige Äffchen musizierten auf der
Galerie.
Sie schritten weiter und erreichten bald
den Weihnachtswald. Hier waren die
Bäume mit Sträußen und bunten Bändern
geschmückt. Mit goldenen Früchten und
tausend Lichtern. War das ein Leuchten, ein
Duften, ein Rauschen und Singen!
Sie überquerten einen Bach, in dem
Orangensaft floss. Sie kamen an einen
Strom, der Limonade führte. Sie standen an
einem Fluss, der voller Honig war. Fröhliche
Kinder saßen an seinem Ufer und angelten
Honigplätzchen. Das Dorf, in dem sie
wohnten, nannten sie Pfefferkuchenheim.
Nach einiger Zeit erreichten Marie und der
Nussknacker den Rosensee. Schwäne mit
goldenen Halsbändern schwammen auf
dem Wasser. Fische kamen aus der Tiefe
herauf und lauschten ihrem Gesang.

Marie musste an den Onkel Drosselmeier
denken. Er hatte ihr einmal von einem solchen
See erzählt . . .
Am anderen Ufer lag die Hauptstadt des
Puppenreiches. Ein mit Edelsteinen
geschmückter Muschelwagen holte sie ab.
Zwei Delfine zogen ihn. Übermütig spritzten sie
ihre Fontänen in die Luft. Zwei Regenbögen
spannten sich über das Wasser. Marie jauchzte.
Etwas so Schönes hatte sie noch nie gesehen!
Als sie sich dem anderen Ufer näherten, blies
ein Trompeter ins Horn.
Am Stadttor präsentierte die Wache das Gewehr.

Ein Männlein in kostbarem Schlafrock umarmte den Nussknacker.

„Hurra! Hurra! Der Prinz ist endlich da!", rief es fröhlich von überallher.

Konfektburg war eine sehr große und besonders schöne Stadt. Die Häuser bestanden vom Keller bis zum Dach aus Zuckerwerk.

Ein Baumkuchen befand sich mitten auf dem Marktplatz. Um ihn herum gab es vier Fontänen. Und aus jeder floss ein anderes wohlschmeckendes Getränk.

Das größte und prachtvollste Bauwerk war das Schloss. Es war aus feinstem Marzipan erbaut.

Als sich der Nussknacker und Marie dem Tor näherten, traten geschmückte Pagen heraus. Und hinter den Pagen gingen vier Damen. Das waren die Schwestern des jungen Herrn Drosselmeier. Die Prinzessinnen umarmten ihren Prinzen.

Dann fiel ihr Blick auf Marie.

„Das ist das Fräulein Stahlbaum", sagte der Nussknacker. „Sie hat mir zweimal das Leben gerettet."

„Das Leben? Zweimal? Hört, hört!", riefen die Schwestern wie aus einem Munde.

Nun musste der Nussknacker erst einmal erzählen, was sich alles ereignet hatte.

Er vergaß auch nicht, zu erwähnen, dass Marie in den Schrank gefallen und ohnmächtig geworden war. Dass Fritz ihm ein Schwert geliehen hatte. Und dass der Mausekönig nun mausetot war.

Da nahmen die Schwestern die kleine
Lebensretterin in ihre Mitte und führten sie in
das Marzipanschloss.
Ein rauschendes Fest begann. Und Marie
Stahlbaum tanzte mit ihrem Prinzen die ganze
Nacht.

Marie wird Königin

Als Marie erwachte, war es taghell. Schnee fiel vor den Fenstern. Neben ihrem Bettchen stand die Mutter. „Wie kann man nur so lange schlafen!", sagte sie lachend. „Dein Frühstücksei fragt schon nach dir!"
Marie war noch immer wie betäubt von dem, was ihr widerfahren war. Sie musste im Marzipanschloss eingeschlafen sein.
Dann hatte man sie wohl in eine Kutsche gesetzt und nach Hause gefahren. Und nun lag sie wieder in ihrem Bettchen.
„Ach, Mama! Wenn du nur wüsstest, wohin mich unser Nussknacker geführt hat in dieser Nacht!", sagte Marie.

60

Und dann erzählte sie, was sie erlebt und gesehen hatte, nachdem sie aus dem Ärmel von Vaters Reisemantel geklettert war. Frau Stahlbaum sah ihre Tochter aufmerksam an. Dann legte sie die Hand prüfend auf Maries Stirn. Aber Marie hatte weder einen zu heißen noch einen zu kalten Kopf.

Die Mutter seufzte. „Was bist du nur für ein albernes Mädchen!", schimpfte sie. „Der Nussknacker kann nicht sprechen. Du hast alles geträumt. Und nichts weiter."

„Das war aber kein Traum!", protestierte Marie. „Mein Nussknacker war lebendig. Es war nämlich der Neffe vom Onkel Drosselmeier aus Nürnberg!"

Inzwischen war der Vater eingetreten. Er hatte Maries letzte Worte gehört und musste darüber herzlich lachen.

Marie sah ihn traurig an. „Du glaubst mir also auch nicht", sagte sie. „Und dabei hat der junge

Herr Drosselmeier von dir so gut gesprochen,
als wir im Schlosspark spazieren gingen."
„Hast du das gehört?", sagte der Vater. „Ein
Nussknacker aus Nürnberg hat von mir gut
gesprochen!" Er schüttelte sich vor Lachen.
Marie rannte in ihr Zimmer. Mit einem Kästchen
kam sie zurück. Der Vater verstummte. In dem
Kästchen lagen sieben Krönchen. Und jede für
sich funkelte wie ein Stern.
„Die hat mir der Nussknacker anlässlich seines
Sieges über den Mausekönig geschenkt", sagte
Marie stolz.

Die Eltern betrachteten die Krönchen.
Der Vater fragte sehr ernst: „Du wirst sie
doch nicht irgendwo gestohlen haben?"
„Er hat sie mir aber geschenkt!",
schluchzte Marie.
„Man lügt nicht, Marie!", sagte
Mama streng.
Das war aber nun wirklich zu viel
für die kleine Marie! Sie stieß den
Eierbecher vom Tisch und schrie:
„Ich armes, armes Kind! Hilft mir
denn keiner? Was soll ich bloß mit diesen Eltern
machen?"
Da flog die Tür auf! Herein trat der Onkel
Drosselmeier. Er fragte nach dem Anlass für
den Lärm und den Grund für Maries Tränen.
Die Eltern zeigten ihm die sieben Krönchen.
Da lachte der Onkel Drosselmeier und rief: „Ja,
wisst ihr es denn nicht mehr? Früher trug ich
die Krönchen an meiner Uhrenkette. Ich habe
sie Marie an ihrem zweiten Geburtstag
geschenkt."

Das hatten die Eltern nun wirklich vergessen, und ein bisschen schämten sie sich jetzt sogar dafür.

„Seht ihr!", triumphierte Marie. „Und nun sage ihnen auch, Onkel Drosselmeier, dass mein Nussknacker dein Neffe aus Nürnberg ist!", bat Marie.

Doch da machte der Onkel ein finsteres Gesicht. „Dummer Schnickschnack!", sagte er und war nicht bereit, auf einen solchen Unsinn ernsthaft zu antworten.

Der Vater nahm Marie bei den Schultern und ermahnte sie streng.

„Du hörst sofort damit auf, den Neffen vom Onkel Drosselmeier mit einem Nussknacker zu vergleichen!", sagte er. „Ich werfe den hölzernen Kerl sonst aus dem Fenster! Und deine Puppen gleich mit!"

Da musste sich Marie fügen. Aber eine Ungerechtigkeit blieb es für sie doch.

Später versuchte sie noch manchmal, ihrem
Bruder von der großen Schlacht zwischen
Nussknacker und Mausekönig zu erzählen.
Vom Marzipanschloss und vom Puppenreich.
Aber Fritz wollte davon nichts wissen und
nannte die Schwester eine dumme Gans.
Weihnachten war schon lange vorüber.
Da erschien der Onkel Drosselmeier, um eine
Uhr im Haus zu reparieren. Denn darauf verstand
er sich gut. Er nahm seine Perücke ab und band
die Arbeitsschürze vor. Dann klemmte er ein
Vergrößerungsglas in das gesunde Auge und
begann mit seiner Arbeit. Marie saß derweil bei
ihren Puppen vorm Glasschrank. Wie so oft fiel
ihr Blick auf den Nussknacker im zweiten Fach.
„Ach, lieber Herr Drosselmeier", seufzte sie.
„Wenn Sie doch wirklich lebten! Wie wäre das
schön! Ich würde Sie jedenfalls nicht
verschmähen wie diese Pirlipat. Schließlich
hätten Sie ja um meinetwillen aufgehört, ein
hübscher junger Mann zu sein!"

„Schnickschnack!", rief da der Onkel
Drosselmeier, der alles mit angehört hatte.
Aber im selben Augenblick gab es einen Knall.
Marie Stahlbaum war vom Stuhl gefallen.
„Wie kann ein so großes Mädchen nur vom
Stuhl fallen!", sagte die Mutter vorwurfsvoll,
als Marie aus ihrer Ohnmacht aufgewacht war.
„Sieh doch mal, wer gekommen ist!"
Marie richtete sich auf und blickte zur Tür.
Dort stand der Onkel Drosselmeier.
Ohne Schürze und ohne
Vergrößerungsglas. Dafür mit Perücke
und gelbem Rock. An seiner Hand hielt er
einen wohlgewachsenen, kleinen jungen
Mann. Er trug einen roten Rock und
besaß sogar einen Degen. Und über dem
Rücken hing ihm ein vortrefflicher Zopf.
Es war der junge Herr Drosselmeier aus
Nürnberg!
Höflich trat er auf Marie zu.
Er gab ihr einen Karton mit Marzipan und
Zuckerzeug.

Marie entdeckte sofort auch jene Figuren, die
sich der Mausekönig geholt hatte.
Fritz bekam einen kleinen Säbel.
Nachdem alle beschenkt worden waren, setzte
man sich zu Tisch. Es war Kaffeezeit. Am Ende
zog der junge Herr Drosselmeier an seinem
Zopf und knackte für jeden noch ein paar Nüsse
auf.
Anschließend bat er um die Erlaubnis, sich mit
Fräulein Marie entfernen zu dürfen.

Die Erwachsenen hatten natürlich keine
Ahnung.
„Dann spielt schön miteinander!", riefen sie den
beiden noch nach.
Vor dem Glasschrank fiel der junge Herr
Drosselmeier vor Marie auf die Knie.
„Ich habe Sie zufällig belauscht", gestand er ihr.
„So durfte ich erfahren, dass Sie mich nicht
verschmähen wie diese hochmütige Prinzessin
Pirlipat. Von diesem Moment an erhielt ich
meine alte Gestalt zurück!"
Keine Nachricht hätte die kleine Marie
Stahlbaum mehr erfreuen können!
Und als der junge Herr Drosselmeier sie bat,
seine Frau zu werden und damit auch Königin,
willigte Marie ein.
Noch heute sollen die zwei das große
Puppenreich regieren, in dem alle zufrieden und
glücklich sind.
Dort fließt der Honig in Strömen und die
Limonade in Bächen.

Es gibt Weihnachtswälder, ein Dorf namens
Pfefferkuchenheim und ein Schloss aus
Marzipan . . .
Doch das alles vermag nur der zu erkennen,
der mit dem Herzen sieht.

Frances Hodgson Burnett

wurde 1849 in Manchester in England geboren. Nach dem Tod ihres Vaters wanderte sie 1865 mit ihrer Familie in die USA aus. Dort schrieb sie bekannte Kinderbücher wie „Eine kleine Prinzessin" und „Der geheime Garten". 1924 starb sie – mittlerweile weltberühmt – in New York.

Maria Seidemann,

erlernte den Beruf einer Archivarin und studierte Geschichtswissenschaft. Seit 1974 war sie freischaffende Autorin. Sie schrieb Romane, Erzählungen, Hörspiele, Drehbücher, Kinder- und Jugendbücher, für die sie zahlreiche Preise und Auszeichnungen erhielt.

Thilo Krapp

wurde 1975 in Herdecke geboren und wuchs in Hagen auf. Schon seit der frühesten Kindheit zeichnet er vor allem Enten, Katzen und alles sonstige Getier. Thilo Krapp studierte bei Wolf Erlbruch in Wuppertal. Er lebt in Berlin – mit Katze – und arbeitet als freischaffender Illustrator für verschiedene Verlage.

Frances Hodgson Burnett
Der kleine Lord

Neu erzählt von Maria Seidemann

Mit Bildern von Thilo Krapp

Ein Herr aus England

Cedric war sieben Jahre alt, als er aus seinem
Heimatland Amerika fort nach England reisen
sollte, um ein Lord zu werden und in einem
Schloss zu wohnen.
Er hätte nie geglaubt, dass ausgerechnet ihm
so etwas passieren könnte. Solche Geschichten
gab es doch nur im Märchen! Aber das hier
geschah tatsächlich, und es begann, als er
gerade bei dem Lebensmittelhändler Mister
Hobbs auf der Mehlkiste saß.
Cedric besuchte Mister Hobbs jeden Tag, denn
sie waren Freunde. Außer Hobbs hatte Cedric
noch einen Freund, das war der Schuhputzer
Dick. Aber wenn man es genau nimmt, so waren
alle, die Cedric kannten, seine Freunde. Jeder
hatte den hübschen, freundlichen Jungen gern.

Während Hobbs die angelieferten Waren in die Regale räumte, las Cedric ihm aus der Zeitung vor. Da bimmelte das Glöckchen über der Ladentür. Ein älterer Herr trat ein, er trug einen Anzug aus teurem Tuch und eine goldene Uhr. Der Besucher ging zu der Mehlkiste, musterte den Jungen und sagte: „Das ist also der kleine Lord Fauntleroy."

Cedric widersprach: „Nein, das bin ich nicht. Ich heiße Cedric Errol."

Der Fremde nickte. „Ich weiß. So hieß auch dein Vater, ich habe ihn gekannt. Ich bin Mister Havisham aus England. Deine Mutter möchte, dass du mit mir in eure Wohnung kommst. Dort werde ich dir alles erklären."

Verwundert folgte Cedric dem Fremden. Als sie den Laden verlassen hatten, trat Mister Hobbs schnell vor die Tür, um ihnen nachzuschauen.

„Was wollte der Mann?", fragte Dick, der seinen Stand vor dem Laden hatte. „Er hat sich die Schuhe putzen lassen und nach Cedric gefragt.

Stimmt es, dass er ein Rechtsanwalt aus
England ist?"
„Wird wohl so sein", antwortete Hobbs langsam.
„Er hat zu Cedric gesagt: ›Du bist der kleine
Lord Fauntleroy.‹ Was meinst du, Dick, was hat
das zu bedeuten?"

Cedrics Wünsche

Jeden Abend, wenn Cedric in seinem Bett lag
und die Mutter ihm Gute Nacht wünschte, bat er
sie: „Erzähl mir von Papa!" Er erinnerte sich nicht
an seinen Vater, der kurz nach Cedrics Geburt
an einer schweren Krankheit gestorben war. Der
Junge konnte nie genug davon hören, wie der
junge englische Offizier Cedric Errol mit dem
Schiff über den Ozean gekommen war. Wie er
sich in eine junge Amerikanerin verliebte, wie sie
heirateten und wie Cedric geboren wurde.
Frau Errol hatte ihrem Sohn aber nicht alles
über seinen Vater erzählt. Cedric wusste nicht,
dass er aus einer der vornehmsten
Adelsfamilien Englands stammte und der
jüngste Sohn des Grafen Dorincourt war. Der

Graf war damals sehr erbost gewesen, dass
sein Sohn eine Amerikanerin heiraten wollte,
ein Mädchen aus einfachen Verhältnissen. Er
verbot die Hochzeit, aber sein Sohn schrieb
ihm, dass man Liebe nicht verbieten könne. So
kam es, dass der alte Graf seinem jüngsten
Sohn untersagte, je wieder nach Schloss
Dorincourt heimzukehren.
Bevis, der älteste Sohn des Grafen, kam bei

einem Reitunfall ums Leben. Der zweite Sohn Maurice starb in Italien am Fieber. Nun hatte der alte Graf niemanden mehr, dem er seinen Reichtum vererben konnte – nur seinen kleinen amerikanischen Enkel, den er noch nie gesehen hatte. Deshalb schickte er seinen Berater Havisham nach Amerika, um den Jungen nach England zu holen.

„Der Erbe trägt den Titel Lord Fauntleroy", sagte Havisham zu Cedric, nachdem er ihm dies alles erklärt hatte. „Also bist du jetzt Fauntleroy." Er erhob sich von seinem Stuhl in Frau Errols Wohnzimmer und verbeugte sich vor Cedric, dem dabei ganz wunderlich ums Herz wurde. Aber auch Havisham hatte Cedric nicht alles erzählt. Dass sein Großvater ein verbitterter alter Mann war, der niemanden liebte außer sich selbst, das würde der Junge noch früh genug erfahren. Das Schlimmste war jedoch, dass Cedric von seiner Mutter getrennt werden sollte. Der Graf hatte zu Mister Havisham gesagt: „Diese Amerikanerin war doch nur auf

das Vermögen meines Sohnes aus. Diese Person soll mir nicht unter die Augen kommen. Aber den Jungen brauche ich als Erben. Also holen Sie ihn her."

„Cedric muss nicht erfahren, dass der Graf so erbarmungslos ist", hatte Cedrics Mutter zu Havisham gesagt. „Denn er wird sich sehr freuen, dass er einen Großvater hat."

Der Anwalt räusperte sich verlegen. Er hatte gleich gemerkt, dass Frau Errol nicht die dumme, geldgierige Person war, die der Graf sich vorstellte. Und er war gespannt darauf, Cedric zu sehen. Als er ihn dann auf der Mehlkiste sitzen sah, schien es ihm, als ob die Zeit stehen geblieben sei. Cedric sah genauso aus, wie sein Vater als Kind ausgesehen hatte.

„Nun, Fauntleroy", sagte Havisham in Frau Errols Wohnzimmer. „Der Graf hat mich beauftragt, alle Wünsche seines Enkels zu erfüllen. Also, sag mir, was du gerne haben möchtest!"

Cedric antwortete: „Seien Sie mir nicht böse, Mister Havisham, aber ich kann mir das alles

noch nicht richtig vorstellen. Wir fahren übers
Meer, nach England, und kommen nie zurück?
Ich werde bei meinem Großvater leben, und
wenn ich erwachsen bin, werde ich einer der
vornehmsten und reichsten Männer Englands
sein? Und schon jetzt kann ich alles bekommen,
was ich haben will, obwohl ich erst sieben Jahre
alt bin? Mein Großvater muss mich sehr gern
haben, dass er das alles für mich tut!"
Wieder musste Havisham hüsteln. „Also, was
machen wir mit dem Geld, das mir dein
Großvater für dich gegeben hat?"

„Ich kann mir wirklich wünschen, was ich will? Dann möchte ich meinen Freunden zum Abschied etwas schenken!", rief Cedric. „Für Dick hätte ich gern einen warmen Mantel. Und für Mister Hobbs eine Taschenuhr. Ich habe Angst, dass sie mich vergessen . . ." Plötzlich kämpfte Cedric mit den Tränen.

„Sie werden ihren Freund ganz bestimmt niemals vergessen", sagte Havisham überzeugt. „Ich werde alles besorgen, das verspreche ich."

Der erste Tag

Erst auf der langen Reise über den Ozean erfuhr Cedric, dass seine Mutter nicht bei ihm im Schloss wohnen würde.

„Mein Haus ist ganz in der Nähe, du kannst mich jeden Tag besuchen", sagte die Mutter. Cedric war trotzdem traurig und konnte nicht verstehen, warum sie nicht unter demselben Dach leben konnten. Aber die Mutter erklärte ihm, in seinem neuen Leben würde es noch mehr Unbekanntes geben. Er müsse Geduld und Vertrauen haben. Spätabends kam die Kutsche vor dem Haus an, das Cedrics Mutter fortan bewohnen sollte.

„Sieh nur, Mama, was für ein hübsches Häuschen! Der Großvater hat dich bestimmt sehr gern, wenn er dir so ein Haus schenkt."

„Ich werde Mylord nachher Ihre Ankunft melden", sagte Havisham. „Morgen bringe ich Fauntleroy ins Schloss."

Am nächsten Tag beschien die Sonne ihren Weg zum Schloss. Beeindruckt musterte Cedric die steinernen Löwen, die das Gittertor zum Schlosspark bewachten. Lange fuhr der Wagen durch hügelige Wiesen, die mit Gebüschen und Baumgruppen besetzt waren. Endlich bog die Kutsche in die Auffahrt zum Schloss.

Auf der geschwungenen Freitreppe waren die Dienstboten angetreten. Cedric sprang aus der Kutsche. „Guten Abend! Ich bin Cedric Errol, aber jetzt heiße ich Lord Fauntleroy. Ich freue mich, Sie alle kennenzulernen!"

Havisham führte Cedric ins Schloss. Ein uniformierter Diener öffnete ihnen die hohe Tür zur Bibliothek.

„Du gehst allein hinein", sagte Havisham. „Dein Großvater erwartet dich."

Vor dem Kamin saß in einem Sessel ein alter

Mann mit weißen Haaren und einer Adlernase.
Beim Feuer lag ein Hund, groß wie ein Löwe,
der erhob sich langsam und kam auf Cedric zu.
„Hierher, Dougal!", rief der Graf mit scharfer
Stimme. Er hatte schon den ganzen Tag
schlechte Laune. Die Gicht plagte ihn, deshalb

hatte er sein schmerzendes Bein auf einen Hocker gelegt. Missmutig hatte er die Ankunft seines Enkels erwartet. Überrascht beobachtete er, wie der Junge den Hund am Halsband nahm und zu ihm brachte. Noch nie hatte Dougal sich von einem Fremden anfassen lassen. Und jetzt kam er lammfromm mit diesem Knirps angetrottet, der sich vor dem Sessel aufbaute und sagte: „Guten Abend, du bist sicher mein Großvater! Ich bin Fauntleroy. Wie schön, dass ich dich endlich kennenlerne!"

Der Graf musterte seinen Enkel und erblickte etwas anderes, als er befürchtet hatte. Er konnte sich nicht erinnern, wann ihm zum letzten Male jemand so ins Gesicht geschaut hatte, freundlich und ohne Angst. Lord Fauntleroy sah ihn an, wie ihn vor langer Zeit sein jüngster Sohn angesehen hatte.

„Setz dich", befahl der Alte und wies auf einen zweiten Sessel. „Wieso findest du es schön, mich kennenzulernen?"

„Ich wusste gar nicht, dass ich einen Großvater

habe!", antwortete Cedric. „Und du bist so ein guter Mensch, da muss ich mich doch freuen! Du hast Mister Havisham das Geld für mich gegeben." Cedric erzählte von den Geschenken für Dick und Mister Hobbs. „Und du hast Mama das schöne Haus geschenkt."

„Was ist? Sprich weiter", forderte der Graf seinen Enkel auf.

Stumm streichelte Cedric den Hund, der neben dem Sessel saß und ihm den Kopf aufs Knie gelegt hatte. „Ich war noch nie von Mama getrennt", sagte er schließlich. „Aber ich darf sie jeden Tag besuchen."

In diesem Augenblick meldete der Diener, das Abendessen sei angerichtet. Cedric musterte das kranke Bein seines Großvaters.

„Willst du dich auf mich stützen?", fragte er. „Ich habe starke Muskeln!"

Der Graf verzog amüsiert den Mund.

„Versuchen wir es!"

Er stemmte sich aus dem Sessel und legte seine Hand auf Cedrics Schulter. Langsam setzte er Schritt vor Schritt, fest auf Cedric gestützt. Gefolgt von Dougal und dem staunenden Diener.

Der Weg bis zum Esszimmer schien Cedric sehr weit zu sein. Ihm war ganz heiß vor Anstrengung. Dann saßen sie sich an der langen Tafel gegenüber. Cedric aß und trank und unterhielt sich dabei mit seinem Großvater, als wären sie einander schon lange vertraut. Der alte Graf wunderte sich, dass ihm das Kindergeplauder so viel Spaß bereitete. Der ganze kleine Kerl machte ihm Freude. Nein, das war nicht der Flegel, den er sich vorgestellt hatte, und er verspürte eine ganz ungewohnte Zufriedenheit.

Fauntleroy schreibt einen Brief

Als Cedric am nächsten Morgen erwachte,
wusste er gar nicht, wo er sich befand. Aber auf
einmal fiel ihm alles wieder ein. Aufgeregt
sprang er aus dem Bett.
Sogleich öffnete sich die Tür und eine junge
Frau trat ein.
„Guten Morgen, Mylord! Mein Name ist Dawson.
Ich bin dazu da, Sie zu versorgen. Darf ich
Ihnen beim Waschen und Anziehen helfen?"
Aber das konnte Cedric allein, deshalb
unterhielt er sich lieber mit Dawson, bis er mit
allem fertig war. Sie erklärte ihm, dass sein
Großvater in einer halben Stunde mit ihm
frühstücken wolle. Vorher solle er sich noch

sein Spielzimmer ansehen, gleich nebenan. Sie
öffnete ihm die Tür.

Cedric blieb völlig überwältigt auf der Schwelle
stehen. Er besaß also nicht nur sein eigenes
Schlafzimmer, sondern auch ein Spielzimmer –
und das war angefüllt mit den herrlichsten
Dingen! Er wusste gar nicht, was er zuerst
anschauen sollte! Das Schaukelpferd, die
Eisenbahn, Bälle, Tennisschläger, Baukästen,
Bücher . . .

„Mein Großvater ist der liebste Mensch auf der Welt, finden Sie nicht auch?"

Dawson nickte. Aber sie dachte daran, was sie vor ein paar Tagen zufällig gehört hatte, als der Graf mit der Wirtschafterin sprach. „Kaufen Sie den Spielzeugladen leer!", hatte der Alte befohlen. „Dann wird er seine Mutter bald vergessen."

Wenig später begleitete Dawson ihren Schützling zum Frühstückszimmer.

Cedric rannte zu seinem Großvater und fiel ihm um den Hals. „Danke für die vielen schönen Sachen!"

„Warte nur, bis du im Stall gewesen bist", sagte der Graf und schmunzelte. „Dort wartet dein Pony auf dich."

„Mein Pony?" Cedric riss Mund und Augen auf.

„Gleich nach dem Frühstück bekommst du deine erste Reitstunde."

„Oh, Großvater . . ." Cedric sah plötzlich bedrückt aus. „Ich freue mich wirklich auf das Pony. Aber nach dem Frühstück will ich zu Mama."

Der Graf schüttelte den Kopf. „Denkst du immer nur an deine Mutter?"

„Ja", gab Cedric zu. „Können wir nicht heute Nachmittag in den Stall gehen?"

„Iss jetzt dein Frühstück", sagte der Großvater barsch.

Da kam der Diener herein und meldete, dass der Pfarrer eine Bitte vorzubringen habe.

Der Graf knurrte ungehalten, aber dann sagte er: „Soll hereinkommen. – Guten Morgen, Herr Pfarrer! Das ist mein Enkel, Lord Fauntleroy. Nun, was gibt's denn heute zu klagen?"

Jedes Mal, wenn der Pfarrer mit einem Anliegen ins Schloss kam, hatte er schon vorher Angst vor den Wutausbrüchen des Grafen. Aber heute schien der Alte bessere Laune zu haben. So berichtete er dem Graf von dem Pächter Higgins, der mit den Pachtzahlungen im Rückstand war und auch in diesem Monat nicht zahlen konnte, weil die Ernte schlecht gewesen war.

„Die Ernte war schlecht, weil Higgins ein

schlechter Pächter ist!", donnerte der Graf. „Ich
werde dem Verwalter sagen, er soll ihn
hinauswerfen."

„Haben Sie noch etwas Geduld, Mylord", bat der
Pfarrer. „Seine Kinder sind krank. Wo sollen sie
denn hin?"

Gespannt folgte Cedric der Unterhaltung.

Plötzlich fragte der Graf: „Was würdest du im
Fall Higgins tun, Fauntleroy?"

„Wenn ich so reich wäre wie du, dann würde ich
ihn auf dem Hof lassen."

„So, das würdest du tun?", knurrte der Graf.

„Kannst du schreiben?"

„Ja, Mama hat es mir beigebracht."

„Geh nach nebenan in mein Arbeitszimmer.
Hole alles, was man braucht, um einen Brief zu
schreiben."

Cedric sauste los und kam sofort zurück.

Gespannt sah der Pfarrer zu, wie der Junge
Federhalter, Tintenfass und Papier auf dem
Tisch ausbreitete.

„So, jetzt schreibst du dem Verwalter einen
Brief, Fauntleroy!", befahl der Graf.

„Ich?? Was soll ich denn schreiben?"

„Schreib: ›Higgins darf bis auf Weiteres bleiben.‹
Und unterzeichne mit deinem Namen:
›Fauntleroy‹."

Als Cedric fertig war, sagte er: „Ich glaube, du
bist jemand, der gern andere Menschen
glücklich macht, Großvater."

Der Graf lachte laut und reichte dem Pfarrer den
Brief.

Draußen sagte der Pfarrer zu den Dienern:

„Haben Sie das gehört? Seine Lordschaft hat gelacht!"

„Das hast du gut gemacht, Fauntleroy!", sagte der Graf zufrieden. „Und jetzt gehen wir in den Stall."

„Darf ich nicht erst zu Mama fahren? Bitte, Großvater. Ich habe sie doch seit gestern nicht gesehen!"

Seufzend erhob sich der Graf vom Tisch. „Also gut, fahren wir!"

Cedric strahlte. „Du kommst mit zu Mama!"

Der Graf wehrte ab. „Ich begleite dich, aber ich steige nicht aus. Ich habe anderes zu tun."

Die Hütten
am Ende des Dorfes

Der kleine Lord liebte sein Pony Fox vom ersten
Augenblick an. Jeden Morgen nach dem
Frühstück lief er in den Stall, wo der Reitknecht
Wilkins schon auf ihn wartete.

Vom Fenster aus beobachtete der Graf, wie
Wilkins Fox hin und her führte. Schon bald
konnte Cedric die Zügel selbst halten, und
wenige Tage später ritt er zum ersten Mal mit
Wilkins aus.

„Sehen Sie ihn sich an, Havisham!", sagte der
Graf zu seinem Berater. „Ist er nicht ein
Prachtkerl? Meine Söhne Bevis und Maurice
waren eigennützige Geldverschwender, die nie
verstanden haben, dass Reichtum auch
Verantwortung bedeutet. Mein Jüngster hätte

mir ein würdiger Nachfolger sein können, wenn
er nicht diese Amerikanerin geheiratet hätte.
Verloren habe ich sie alle drei. Aber nun habe
ich diesen Jungen, und ich empfinde jeden Tag
Freude und Stolz. Sogar meine Gesundheit hat
sich gebessert!" Der Graf stand aus seinem
Sessel auf, ohne den Krückstock zu benutzen.
„Heute will ich mit meinem Enkel ausreiten."
Von diesem Tage an waren die beiden öfter
gemeinsam unterwegs – Cedric auf seinem
Pony und der Großvater auf seinem grauen

Hengst. Es machte dem Alten Spaß, dem Enkel seine Besitzungen zu zeigen, und er genoss die Zuneigung, die der Junge ihm schenkte.

Aber niemals kamen sie bei ihren Ausflügen in die Nähe des Hauses, in dem Cedrics Mutter wohnte. Cedric fragte sich, warum der Großvater es vermied, der Mutter zu begegnen. Der Graf sorgte dafür, dass stets genug Geld für ihren Haushalt vorhanden war. Schon bald hatte er vom Pfarrer erfahren, dass Frau Errol einen großen Teil dieses Geldes für die Armen im Dorf verwendete. Vielleicht war der Großvater deshalb ärgerlich? Aber wieso?

Eines Morgens ritt Cedric allein mit Wilkins aus. In der Nähe des Dorfes überholten sie einen Jungen, der ein verkrüppeltes Bein hatte. Cedric bestand darauf, dass der Junge seinen Weg im Sattel fortsetzte, und er selber führte das Pony am Zügel. Bis sie im Dorf angekommen waren, hatte Cedric erfahren, dass der Junge Rob heißt, sechs Geschwister hatte, dass er nicht mehr zur Schule gehen durfte, sondern Geld

verdienen musste, weil er der Älteste war. Löffel
schnitzte er, die auf dem Markt verkauft wurden.
„Ich werde meinen Großvater bitten, dass er dir
Krücken machen lässt", versprach Cedric.
Als sie das Dorf durchquert hatten und zu den
Hütten der Ärmsten kamen, verstummte Cedric.
Ungläubig musterte er die schiefen Dächer, die
kaputten Fenster, die baufälligen Mauern. Er
sah die Abfallhaufen auf der Gasse liegen, von
Fliegen umschwärmt, und die Kinder spielten
daneben in den schmutzigen Pfützen. Vor den

Türlöchern hockten die alten Frauen und wiegten in Lumpen gewickelte Säuglinge. Aber alle Leute lächelten, als sie Cedric erblickten. Sie grüßten ihn höflich und sagten, dass seine Mutter ein Engel sei, der ihre Kinder vor dem Hunger bewahre.

„Hier wohne ich", sagte Rob schließlich. „Vielen Dank, Euer Lordschaft!"

Cedric konnte gar nicht schnell genug zum Schloss zurückreiten. Aufgeregt schilderte er seinem Großvater, was er am Ende des Dorfes gesehen hatte. „Bestimmt bist du noch nie dort gewesen, weil dir immer das Bein so wehgetan hat. Kommst du morgen mit mir ins Dorf? Ich habe Rob gesagt, dass du ihm Krücken machen lässt. Du weißt ja, wie das ist, wenn man einen kranken Fuß hat!"

Tatsächlich ließ der Graf am nächsten Tag den Zweisitzer anspannen. Auf der Fahrt zum Dorf war er ungewohnt wortkarg. Als Cedric vor Robs Hütte aus dem Wagen sprang und stolz die beiden nagelneuen Krücken hineintrug,

blieb der Graf sitzen und reagierte auf die
Grüße der Leute nur mit einem barschen
Nicken. Aber seine Blicke schweiften
aufmerksam umher. Mit bedrückender
Deutlichkeit sah er die Not der Menschen, die
auf seinem Grund und Boden lebten und für
deren Wohlergehen er verantwortlich war. Er
schämte sich vor seinem Enkel für diese
elenden Behausungen.
Als Cedric aus der Hütte kam, sagte er zu ihm:
„Nach unserer Rückkehr werden wir gemeinsam

beraten, wie wir diese Zustände am schnellsten ändern können. Was hältst du davon?"

„Ich habe gewusst, dass du den Leuten helfen wirst!", jubelte Cedric.

Am Nachmittag, nach einem langen Gespräch mit dem Großvater und seinem Verwalter, schrieb Cedric zwei Briefe an Mister Hobbs und an Dick. Er erzählte von seiner Begegnung mit dem lahmen Rob, von den schrecklichen Hütten im Dorf und von den neuen Häusern, die nun auf Anordnung seines Großvaters gebaut werden sollten.

Schlimme Nachrichten

Noch bevor die kalten Wintertage kamen,
erinnerte nur noch ein Haufen alter Balken und
Bretter an die dürftigen Hütten. Eine Reihe
schmucker kleiner Häuser mit blanken Fenstern
stand jetzt zu beiden Seiten der gepflasterten
Dorfstraße.
Die Bewohner feierten den Einzug in ihre neuen
Behausungen mit einem Fest. Mitten auf der
Dorfstraße brannte ein Feuer, ein ganzes
Schwein wurde auf Anordnung des Grafen am
Spieß gebraten.
Als der Graf mit Cedric aus dem Wagen stieg,
warfen die Dorfbewohner ihre Mützen in die Luft
und riefen: „Hoch lebe Lord Fauntleroy!"
Da näherte sich eine Kutsche. Ungewohnt
hastig sprang Havisham aus dem Wagen. Er

eilte auf den Grafen zu und bat, ihn allein sprechen zu dürfen. Sie gingen ein paar Schritte beiseite, Havisham sprach leise und ernst. Danach stand der Graf eine ganze Weile wie erstarrt. Schließlich hob er den Kopf, sein Blick folgte seinem kleinen Enkel im Samtanzug, der mit den Dorfkindern um das Feuer herumtobte. Ein seltsames Gefühl durchzog seine Brust, ein Gemisch aus Zuneigung und Angst, sodass ihm ein tiefer Seufzer entfuhr.

„Achten Sie auf meinen Enkel und bringen Sie ihn nach Hause, bevor es dunkelt", befahl der Graf seinem Verwalter. „Ich fahre mit Havisham zum Schloss zurück."

In der Kutsche fragte der Graf sofort: „Also, warum darf Cedric nicht mehr Lord Fauntleroy sein?"

Der Anwalt antwortete: „Vor einer Stunde sprach eine Frau mit ihrem Sohn im Schloss vor. Sie behauptet, vor sechs Jahren Ihren Sohn Bevis geheiratet zu haben, kurz vor seinem Tode. Im Namen ihres Sohnes erhob sie

Anspruch auf das Erbe. Sie hat eine
Heiratsurkunde."

„Was ist? Warum sprechen Sie nicht weiter?"
Havisham schlug die Augen nieder. „Mylord,
alles was Sie seinerzeit an Befürchtungen zu
Frau Errol und ihrem Sohn hegten – auf diese
Frau trifft es zu. Leider scheint sie keinerlei
Bildung zu haben, dafür aber eine niedere
Gesinnung. Sie verlangte sofort eine größere
Geldsumme und eine Wohnung im Schloss."
„Und der Junge?", unterbrach ihn der Graf.

„Er heißt Thomas. Fünf Jahre alt soll er sein, ist aber mindestens einen Kopf größer als Cedric. Er ist schlecht ernährt und nicht gut erzogen." Der Graf stöhnte. „Was für ein Unglück! Ich habe meinen Lieblingssohn verstoßen, war hochmütig gegenüber seiner jungen Frau. Und jetzt, da ich mein Herz an Cedric gehängt habe, jetzt taucht diese Person auf! Havisham, da muss man doch etwas tun können!?"

„Ich fürchte, nein. Die Heiratsurkunde scheint echt zu sein, und so ist der Sohn dieser Frau der rechtmäßige Lord Fauntleroy."

„Sie darf das Schloss nicht betreten!", rief der Graf und stieß mit seinem Stock auf den Wagenboden. „Für den Jungen soll gesorgt werden, aber ich will ihn nicht bei mir haben!" Havisham anwortete nicht. Er dachte daran, dass der Graf vor gar nicht langer Zeit diese Worte schon einmal ausgesprochen hatte – aber damals galten sie Frau Errol und dem kleinen Cedric.

Der andere Junge

Von einem Tag zum anderen schob der Graf
das Gespräch mit Cedric auf. Er brachte es
nicht fertig, ihm von dem anderen Jungen zu
erzählen.

Eines Nachmittags, als Cedric zu seiner Mutter
gefahren war, ließ er Havisham rufen. Er sollte
ihn zu dem Gasthof begleiten, in dem die Frau
seines ältesten Sohnes mit dem Jungen
wohnte.

Auf der Fahrt zum Dorf sagte er: „Ich werde
keinesfalls mit ihr sprechen. Schicken Sie sie
mit dem Jungen in den Garten, damit ich sie
sehen kann."

Mit grimmigem Gesicht beobachtete der Graf
vom Wagen aus, wie Thomas und seine Mutter

aus dem Gasthof kamen. Während die Frau mit Havisham sprach, stand der Junge mit gesenktem Kopf neben ihr und scharrte mit den Füßen im Sand, sodass seine Mutter und der Anwalt in einer Staubwolke standen. Eine große Narbe am Kinn zog seinen Mund ein wenig schief, sodass sein Gesicht einen hämischen Ausdruck hatte.

Plötzlich begann die Frau, Mister Havisham anzuschreien. Mit schriller Stimme verlangte sie, endlich im Schloss empfangen zu werden.

„Ich bin Lady Fauntleroy!", keifte sie und fuchtelte drohend mit ihrer Handtasche vor Havishams Gesicht hin und her.

Der Graf wollte das keine Sekunde länger ertragen und fuhr zum Schloss. Aber auf halbem Weg besann er sich anders und ließ sich zu Frau Errols Haus fahren. Er schickte die Kutsche zurück ins Dorf, um Havisham abzuholen, und klopfte an die Tür.

„Großvater!", rief Cedric erfreut. „Endlich
kommst du Mama besuchen!"
Plötzlich bemerkte er den verstörten
Gesichtsausdruck des Alten und verstummte.
Auch seine Mutter spürte, dass der Graf aus
einem wichtigen Grund gekommen war. Schnell
rückte sie ihm einen Sessel an den Kamin. „Ich
werde Ihnen eine Tasse Tee holen!"
„Bleiben Sie hier", bat jedoch der Graf. „Ich
muss mit Ihnen reden. Und mit Cedric."
Mit wenigen Sätzen erklärte er ihnen, was

geschehen war. Danach war es so still im Zimmer, dass man die Funken im Kamin knistern hörte.

„Wenn dieser Junge der Sohn von Bevis ist", sagte Cedric schließlich, „dann ist er doch mein Cousin, oder?"

„Das ist richtig, mein Liebling", antwortete Frau Errol.

„Seine Mutter – liebt sie ihn so wie du mich, Mama?"

„Ganz bestimmt!"

Cedrics Stimme zitterte. „Und du, Großvater – hast du ihn jetzt so lieb, wie du mich lieb hattest?"

Der Graf zuckte zusammen. „Was redest du da, mein Junge! Glaubst du, ich liebe dich nicht mehr, weil Bevis' Sohn aufgetaucht ist? Wenn Thomas Lord Fauntleroy wird, so bedeutet das nicht, dass er deine Stelle in meinem Herzen einnimmt. Hast du das verstanden, Cedric?"

„Ja, Großvater", flüsterte Cedric erleichtert. „Jetzt ist alles wieder gut."

Später, als Cedric schon im Bett lag, sagte der Graf zu Frau Errol: „Es wird Cedric an nichts fehlen. Ich werde alles für ihn tun, was ich kann." Er senkte den Kopf, um seine Verzweiflung zu verbergen. „Er wäre der Richtige gewesen. Es ist ungerecht." Dann richtete er sich auf und tat einen tiefen Atemzug. „Frau Errol, mein Sohn hat Sie geliebt und mein Enkel liebt Sie über alles. Könnten Sie mir das Unrecht verzeihen, das ich Ihnen angetan habe? Und bei Cedric und mir auf Schloss Dorincourt wohnen?"

Dick als Retter in der Not

Trübsinnig starrte Mister Hobbs durch das
Schaufenster hinaus in den grauen
Dezembermorgen. Vor sich auf dem Ladentisch
hatte er Cedrics letzten Brief liegen.
„Ich hab doch gleich gewusst, dass da was faul
ist!", murmelte er.
Cedric war nicht mehr Lord Fauntleroy. Ein
anderer Junge war aufgetaucht, der diesem
englischen Großvater besser gefiel, und schon
war die ganze adlige Herrlichkeit vorbei.
Die Tür wurde aufgerissen. Dick kam
hereingestürmt und warf eine Zeitschrift auf den
Ladentisch.
„Lesen Sie das!", rief Dick mit überkippender
Stimme.
Bedächtig zog Hobbs die Illustrierte zu sich

heran. Aber Dick riss sie ihm aus der Hand und
blätterte hastig bis zur Mitte.

„Das ist sie!", schrie er und schlug mit der Hand
auf ein Foto, unter dem stand: „Die Mutter des
Anwärters (Lady Fauntleroy)". „Das ist Minna!
Die Frau von meinem Bruder Ben!"

„Bist du sicher?", stammelte Hobbs. „Wenn das
die Frau von deinem Bruder ist, wieso ist sie
dann Lady Fauntleroy?"

„Also, das war so. Als unsere Mutter gestorben

war, hat Ben für mich gesorgt. Er hat mich zur Schule geschickt und . . ."

Dick war so aufgeregt, dass er kaum Luft bekam. Hobbs klickte mit dem Daumen eine Flasche Zitronenlimonade auf und schob sie ihm hin.

„Eines Tages", fuhr Dick nach einem kräftigen Schluck fort, „lernte er Minna kennen. Er heiratete sie, dann kam Tom zur Welt. Ben war ganz vernarrt in den kleinen Kerl. Aber Minna war wie verwandelt. Abends, wenn Ben von der Arbeit kam, schimpfte sie mit ihm, weil er zu wenig verdiente und für mich die Schule bezahlte. So besorgte mir Ben die Stelle als Schuhputzer. Minna konnte richtig jähzornig werden. Einmal warf sie einen Teller nach mir, aber der traf den Kleinen. Daher hat Tom die Narbe am Kinn – die erwähnt auch die Zeitung. Glauben Sie mir, Hobbs, das ist nicht Lord Fauntleroy, das ist Tom."

„Das ist ja nicht zu fassen!", stöhnte Mister Hobbs.

„Warten Sie ab, wie es weiterging", sagte Dick. „Irgendwann hatte sie Ben so weit, dass er nach Kalifornien fuhr, um sich Arbeit auf einer Farm zu suchen. Aber als er zurückkam, um Minna und Tom zu holen, war sie mit dem Kleinen abgehauen. Wir haben nie wieder von ihr gehört."

„Was für eine verworrene Geschichte!" Nachdenklich starrte Hobbs auf das Zeitungsfoto. „Wenn dieser Junge nicht Fauntleroy ist, sondern der Sohn von Ben . . ."

„Genau!", rief Dick. „Dann ist Cedric immer noch ein Lord!"

Hobbs eilte zur Ladentür und hängte ein Schild ins Fenster: „Heute geschlossen". Aus seinem Büro holte er Tintenfass, Federhalter und Papier. „So", knurrte er und schob energisch das Kinn vor. „Jetzt schreiben wir zwei Briefe. Du schreibst an deinen Bruder in Kalifornien. Ich schreibe an diesen englischen Rechtsanwalt, der Cedric fortgeholt hat. Der wird hoffentlich wissen, was zu tun ist."

Wiedersehen zu Weihnachten

An den Adventssonntagen fuhr Cedric mit
seiner Mutter ins Dorf, um den Kindern warme
Strümpfe, Handschuhe und Früchtebrot zu
bringen.
Im Schloss jedoch herrschte überhaupt keine
Adventsstimmung. Jeden Tag beriet sich der
alte Graf stundenlang mit seinem Anwalt.
Mehrmals begab sich Havisham in den
Gasthof, um mit der Mutter des neuen Lord
Fauntleroy zu sprechen. Er hatte Verdacht
geschöpft, dass sie log. Denn der Junge war
seiner Meinung nach mindestens sieben Jahre
alt. Wenn er aber älter ist als fünf, dachte
Havisham, dann kann er nicht der Sohn von
Bevis sein.

Drei Tage vor dem Heiligen Abend wurde
Thomas' Mutter gemeldet, der Graf sei
gekommen, um sie zu sprechen. Mit
triumphierendem Lächeln rauschte sie in die
Gaststube, ihren Sohn hinter sich herzerrend.
Sie starrte dem Grafen frech ins Gesicht, aber
irgendetwas an seinem Blick verunsicherte sie.
Der Rechtsanwalt war auch mitgekommen –
und noch ein anderer Mann.
„Hallo, Minna!", sagte der Mann.
Minna zuckte entsetzt zurück. Das war doch
Ben! Er war mit Mister Hobbs aus Amerika
gekommen.

„Ohne Zweifel, sie ist es", sagte Ben. „Minna, meine Frau. Und der Junge ist mein kleiner Tom."

„Da haben wir es also mit einer Betrügerin zu tun", sagte Havisham zufrieden.

Als Minna das hörte, drehte sie sich um und rannte aus der Gaststube.

Ben beugte sich zu seinem Sohn. „Ich bin dein Vater, Tom."

Der Junge schaute zu Boden und bohrte mit dem Finger in der Nase.

Draußen knallte eine Tür und durch das Fenster sahen sie, wie Minna mit ihrem Koffer aus dem Gasthof stürmte.

„Die sehen wir nie wieder!", sagte der Graf und brach in Gelächter aus. Er hörte erst auf zu lachen, als er sah, dass Tom bitterlich schluchzte. Minna hatte ihren Jungen einfach zurückgelassen.

„Weine nicht, mein Kleiner!" Ben wischte Tom die Tränen ab. „Ich nehme dich mit zu mir nach Hause. Irgendwann werden wir eine eigene

Farm haben, ein bisschen Geld habe ich schon
gespart."

„Das muss gar nicht so lange dauern, wie Sie
glauben", sagte der Graf. „Es wird mir ein
Vergnügen sein, Ihnen beim Kauf einer
eigenen Farm zu helfen. Das soll mein Dank
dafür sein, dass Sie mir diese schreckliche
Person vom Hals geschafft haben!" Dann
nickte er Dick und Mister Hobbs verschmitzt
zu: „Aber Cedric verraten wir von alldem erst
mal nichts!"

Viele Jahre lang hatte der alte Graf von Weihnachten nichts wissen wollen. Pflichtschuldig war er am Heiligen Abend in der Kirche erschienen, und er hatte seinen Verwalter beauftragt, den Bediensteten in der Küche ein paar Geldscheine zu übergeben. Das war alles gewesen. Nun aber herrschte auf Schloss Dorincourt plötzlich eifrige Betriebsamkeit. Der Saal wurde geputzt und geschmückt. Der Verwalter ließ eine riesige Tanne schlagen und zum Schloss transportieren. Aus der Küche roch es nach gerösteten Mandeln, Gänsebraten und Lebkuchen.

Am Morgen des 24. Dezember fuhr Cedric wieder mit seiner Mutter ins Dorf.

„Du bist so bedrückt", sagte die Mutter. „Freust du dich denn gar nicht auf heute Abend?"

Cedric seufzte. „Ich bin nur ein bisschen traurig, weil wir Weihnachten nicht gemeinsam feiern, Mama."

Zu Cedrics Verwunderung schien die Mutter aber gar nicht traurig zu sein. Sie lachte sogar

und sagte: „Bestimmt hat dein Großvater eine
ganz besondere Weihnachtsüberraschung für
dich."

„Ja, das denke ich auch. Aber selbst wenn ich
das schönste Geschenk der Welt bekomme,
werde ich dich heute Abend schrecklich
vermissen!"

Der Großvater hatte zu Cedric gesagt: „Du kümmerst dich um die Weihnachtsgeschenke für die Dienerschaft. Dawson wird dir dabei helfen." Nun lagen die mit den Namen beschrifteten Päckchen unter dem üppig geschmückten Tannenbaum in der großen Halle. Cedric hatte viel Spaß daran, die Geschenke zu verteilen und jedem Einzelnen ein frohes Fest zu wünschen. Schließlich sangen sie alle gemeinsam ein Weihnachtslied.

Der alte Graf hörte die helle Stimme seines Enkels aus dem Chor herausklingen, und ihm wurde ganz seltsam zumute. Er konnte sich nicht genau erinnern, wann es zum letzten Mal so ein Fest auf Dorincourt gegeben hatte.

„Das war, als meine Söhne noch Kinder waren", dachte er wehmütig. Aber schnell schüttelte er die traurige Erinnerung ab.

Jetzt hatten es alle eilig. Die Bediensteten wollten schnell nach Hause zu ihren Familien. Nur die alte Köchin blieb da, um das Weihnachtsessen aufzutragen.

Während Cedric sich an der Tür von jedem Einzelnen verabschiedete, gab der Graf ein verabredetes Zeichen. Leise, ganz leise kamen ein paar Gestalten die Treppe herunter.
Als Cedric sich endlich zu seinem Großvater umdrehte, stieß er einen überraschten Schrei aus. Am Tisch saßen außer dem Grafen noch drei andere Personen.
„Mama!", rief Cedric. „Mister Hobbs! Dick! Wie kommt ihr denn alle hierher!? Großvater, du hast sie eingeladen, nicht wahr?"

Der Graf nickte. Seine Augen blitzten vor Vergnügen.

„Fauntleroy, hör mir zu!", sagte er. „Ich muss dir etwas Wichtiges erzählen."

Cedric wunderte sich, dass der Großvater ihn Fauntleroy nannte – obwohl doch jetzt der andere Junge Lord Fauntleroy war. Aber dann hörte er, was geschehen war. Wie Dick den Artikel in der Zeitung gefunden hatte, wie er und Mister Hobbs die beiden Briefe geschrieben hatten. Wie Mister Havisham ihnen Geld für die Überfahrt geschickt hatte und wie sie nach England gekommen waren, um ihrem Freund Cedric zu Hilfe zu eilen. Wie Minna alles stehen und liegen gelassen hatte und aus dem Gasthof geflüchtet war.

„Sie hat sogar den Jungen zurückgelassen", sagte Hobbs empört. „Und das drei Tage vor Weihnachten!"

„Er wird es gut haben bei meinem Bruder", meinte Dick. „Dein Großvater möchte Ben eine Farm kaufen, wie findest du das?"

„Ich habe es euch ja schon geschrieben", sagte Cedric. „Er ist der beste Großvater auf der ganzen Welt."

Der Graf schaute in die Runde. Es war ihm sehr angenehm, lauter zufriedene Menschen um sich zu haben. Doch die größte Überraschung für Cedric hatte er sich bis zum Schluss aufgehoben. „Fauntleroy, von heute an wohnt deine Mutter hier im Schloss."

Sprachlos vor Freude rannte Cedric um den Tisch herum, umarmte einen nach dem anderen und konnte gar nicht fassen, dass alle Menschen, die er liebte, hier auf einmal beisammensaßen.

„Jetzt wollen wir essen!", sagte der Graf und klingelte nach der Köchin. „Und nach dem Abendessen kannst du deine Geschenke auspacken, Fauntleroy!"

Mein schönstes Weihnachtsgeschenk habe ich doch schon bekommen, dachte Cedric.

Hans Christian Andersen,
geboren 1805 in Odense, gestorben 1875 in
Kopenhagen, erlangte mit seinen Märchen
Weltruhm. 50 Jahre seines Lebens verbrachte
er als Reisender, mit kurzen Unterbrechungen
in der Heimat.

Ulrike Kaup
wurde in Gütersloh geboren. Sie studierte
Germanistik und Sozialwissenschaften in
Münster. Danach ging sie ins Ausland und lebte
unter anderem ein halbes Jahr in Australien.
Sie ist Lehrerin und schreibt Kinderbücher.

Sonja Egger
wurde 1967 in Graz geboren. Sie studierte
das Fach Bühnenbild an der Universität für
Darstellende Kunst in Wien und absolvierte
eine Grafik-Ausbildung. Seit einigen Jahren
ist sie als freischaffende Illustratorin für
verschiedene Verlage tätig.

Hans Christian Andersen

Die Schneekönigin

Ein Märchen in sieben Geschichten

Neu erzählt von Ulrike Kaup

Mit Bildern von Sonja Egger

Der Spiegel und die Scherben

Es war einmal ein böser Zauberer. Ja, es war
sogar der allerschlimmste: der Teufel. Eines
Tages hatte er Lust dazu, etwas zu erfinden,
das den Menschen Unglück bringen sollte. So
zauberte er einen Spiegel her mit einer ganz
besonderen Eigenschaft. Dieser Spiegel ließ
alles Gute und Schöne verschwinden, während
das Schlechte und Böse hervortrat.
Der Teufel hatte großen Spaß an seiner
Erfindung. Denn die herrlichsten Landschaften
sahen in dem Spiegel aus wie matschiger
Spinat, und freundliche Menschen erschienen
darin verzerrt und hässlich.
„Das muss ich all meinen Schülern zeigen",
jubelte er.

Seine Schüler waren – wie erwartet – begeistert von dem Spiegel und kicherten: „Jetzt erst erkennen wir, wie die Menschen wirklich aussehen." Und sie erzählten es jedem und liefen mit dem Spiegel in der ganzen Welt herum.

Sogar in den Himmel flogen sie hinauf, um sich über Gott und die Engel lustig zu machen. Doch je höher sie kamen, umso mehr zitterte der Spiegel. Er zitterte so sehr, dass die Schüler ihn kaum noch halten konnten.

Schließlich entglitt er ihnen, stürzte zur Erde und zersprang in hundert Millionen, Billionen und noch mehr Stücke. Und gerade dadurch richtete er großes Unglück an. Denn selbst die kleinsten Spiegelstücke besaßen die Kraft des Zauberspiegels. Und bekam ein Mensch ein winziges Stück davon ins Auge, so sah er von da an nur noch das Schlechte an einer Sache. Bekam er gar ein Stück davon ins Herz, so verwandelte sich sein Herz in einen Eisklumpen. Nun, wir werden sehen, was weiter geschieht.

Zweite Geschichte
Ein kleiner Junge
und ein kleines Mädchen

In der großen Stadt haben nicht alle Menschen einen Garten. Die meisten müssen sich mit einem Blumentopf begnügen. Doch zwei Nachbarskinder gab es, die hatten einen Dachgarten, winzig klein, aber größer als ein Blumentopf.

Die Kinder waren Freunde und hatten sich so lieb wie Geschwister. In ihrem Dachgarten wuchsen auch zwei kleine Rosenstöcke. Die blühten prächtig, und ihre Zweige neigten sich einander zu. Mit der Zeit bildeten sie eine Laube, in die die Kinder hineinkrochen. So saßen sie dann unter den Rosen und spielten. Den ganzen Sommer über und den ganzen Herbst, bis es Winter wurde.

Im Winter waren die Fenster oft zugefroren.
Doch die Kinder wärmten Kupfermünzen auf
dem Ofen und hielten sie gegen die eisigen
Scheiben. So entstand an jedem Fenster ein
schönes rundes Guckloch.

Das waren der kleine Kay und die kleine Gerda.
Im Sommer konnten sie mit einem Schritt im
Dachgarten sein und spielen. Doch im Winter
mussten sie viele Treppen hinauf- und
hinuntersteigen. Und draußen wirbelten die
Schneeflocken umher.

„Das sind die weißen Bienen", sagte die
Großmutter eines Nachmittags. „Jetzt
schwärmen sie aus."

„Haben sie auch eine Königin?", fragte Kay,
denn er wusste über Bienen gut Bescheid.

„Oh ja, sie haben eine Königin", erzählte die
Großmutter. „Sie ist die größte von allen
und wohnt in einer dunklen Wolke. Doch
manchmal fliegt sie nachts durch die Straßen
und guckt in die Fenster hinein. Dann bilden
sich wundersame Eisblumen."

„Das haben wir schon gesehen!", riefen beide Kinder und wussten nun, dass es die Schneekönigin wirklich gab.

„Kann die Schneekönigin zu uns in die Stube kommen?", fragte Gerda.

„Lass sie nur kommen!", sagte Kay. „Dann setze ich sie auf den Ofen, und dann schmilzt sie."

Aber die Großmutter strich über seine Haare und erzählte andere Geschichten.

Am Abend, als der kleine Kay gerade ins Bett gehen wollte, stieg er auf einen Stuhl und beobachtete noch ein Weilchen die Schneeflocken.

Eine von ihnen, die allergrößte, blieb liegen und wuchs und wuchs, bis sie sich in eine Frau verwandelte. Sie war in einen Umhang gehüllt, der aus Millionen glitzernder Schneeflocken zusammengesetzt schien, und ihre Augen funkelten wie die Sterne, ohne Rast und Ruh. So unwirklich und doch so schön. Sie winkte Kay zu, worauf er erschrak und vom Stuhl

sprang. Da war ihm, als flöge draußen ein
großer Vogel am Fenster vorbei.
Ein paar Tage später setzte Tauwetter ein. Der
Frühling hielt Einzug, und bald schon lockte die
Sonne die beiden Kinder wieder in ihren kleinen
Garten hoch oben über allen Stockwerken. Dort
saßen sie unter den blühenden Rosen, und
Gerda fiel dazu ein Liedchen ein:

„Die Rosen, sie blühn und verwehn,
bald sollt ihr das Christkindlein sehn."

Dabei hielten sie sich an den Händen und
freuten sich über den herrlichen Sommer.
Und wie sie so saßen und sich ein Bilderbuch
anschauten, da spürte Kay plötzlich einen
stechenden Schmerz. „Aua!", rief er. „Mein
Herz! Und jetzt ist mir etwas ins Auge geflogen!"
Gerda versuchte, ihrem Freund zu helfen. Sie
schlang die Arme um seinen Hals und suchte
den Splitter. Aber es war nichts zu sehen.
Schließlich hörte Kay auf, mit den Augen zu
blinzeln, und sagte: „Ich glaube, er ist weg!"

Aber er war nicht weg. Es war einer dieser
winzigen Glassplitter, die von dem Spiegel
abgesprungen waren. Ihr erinnert euch
bestimmt: von dem Zauberspiegel, der alles
Böse und Schlechte hervortreten ließ. Und
einen dieser Splitter hatte Kay auch ins Herz
bekommen, das nun bald wie ein Eisklumpen
werden sollte. Sein Herz tat zwar nicht mehr
weh, aber der Splitter war da. Und er zeigte
gleich seine Wirkung.

„Was weinst du, Gerda? Das sieht hässlich
aus!", rief er auf einmal. „Und schau dir die
ekligen Rosen an!"

Sogleich riss er die Blüten und Blätter ab. Und dann lief er fort von der lieben Gerda.

Von nun an war Kay wie verwandelt. Erzählte die Großmutter Geschichten, setzte er sich ihre Brille auf die Nase und sprach wie sie. Auch andere Leute machte er nach, sogar Gerda. Und weil ihm das täuschend echt gelang, hielten ihn manche Leute für einen klugen Kopf. Aber es war der Splitter in seinem Auge und in seinem Herzen.

Selbst seine Spiele waren anders geworden. So ernst. Einmal kam er mit einer Lupe zu Gerda und zeigte ihr, wie kunstvoll die Schneeflocken aussahen unter dem Vergrößerungsglas. Wie prächtige Blumen.

„Sie sind fehlerlos", sagte er, „viel schöner als wirkliche Blumen. Nur schade, dass sie schmelzen."

Bald darauf ging Kay mit seinem Schlitten auf dem Rücken zu dem Platz, wo die anderen Jungen spielten. Oft banden die mutigsten Kinder ihre Schlitten am Wagen eines Bauern

fest. So wurden sie ein gutes Stück
hinterhergezogen. War das ein Spaß!
Da geschah es, dass einmal ein besonders
prächtiger Schlitten angefahren kam. Darin saß
eine Gestalt, die in weißen Pelz gehüllt war.
Zweimal fuhr sie um den Platz herum, und Kay
band geschwind seinen Schlitten an. Nun fuhr
er mit, schneller und schneller, geradewegs in
die nächste Straße hinein und zum Stadttor
hinaus.

Die Flocken fielen immer dichter, und bald konnte Kay kaum mehr die Hand vor den Augen erkennen. Er ließ die Schnur fallen, um sich von dem Schlitten loszumachen, aber es half nichts. Sein Schlitten hing fest und sauste immer schneller durch das Schneegestöber, flog über Gräben und Hecken, dass Kay erschrak. Er wollte ein Vaterunser beten, aber er konnte sich nur noch an das Einmaleins erinnern. Zuletzt wurden die Schneeflocken so groß wie weiße Hühner.

Da hielt der Schlitten plötzlich an, und jetzt erkannte Kay die Gestalt in dem weißen Pelz: Es war die Schneekönigin, schimmernd weiß und wunderschön!

„Kriech unter meinen Bärenpelz!", sagte sie und setzte Kay neben sich.

Ihm war, als versänke er in einer Schneewehe. Dann küsste sie ihn auf die Stirn. Der Kuss war eisig kalt und ging bis ins Herz hinein, das ja schon ein halber Eisklumpen war. Bald darauf aber spürte er die Kälte gar nicht mehr.

Und als die Schneekönigin ihn noch einmal küsste, hatte er die kleine Gerda und die Großmutter und alle daheim schon vergessen. Dennoch fürchtete Kay sich nicht vor der Schneekönigin. Für ihn war sie vollkommen und das schönste und klügste Wesen, das er sich vorstellen konnte. Er erzählte ihr, dass er selbst schwere Aufgaben im Kopf rechnen könne und dass er die Länge der Flüsse und die Höhe der Berge wisse. Doch sie lächelte nur.

Da wollte er noch mehr wissen und blickte hoch in die Luft. Und die Schneekönigin flog mit ihm fort, hinauf zur schwarzen Wolke. Über Länder und Meere flogen sie. Unten in der Tiefe brauste der Sturm, die Wölfe heulten und Krähen flogen kreischend über den glitzernden Schnee. Oben am Himmel aber stand der Mond – groß und klar –, und zu ihm schaute Kay auf in der langen, langen Winternacht.

Dritte Geschichte
Der Blumengarten der Frau, die zaubern konnte

Aber wie erging es der kleinen Gerda, als Kay nicht wiederkam? Niemand wusste etwas. Die Jungen erzählten nur, dass Kay seinen kleinen Schlitten an einen prächtigen großen angebunden hatte und zum Stadttor hinausgesaust sei. Oh, wie traurig Gerda war! Einige Leute meinten, Kay sei tot, ertrunken im Fluss. Da weinte sie viele Tränen. Den ganzen Winter lang. Und als der Frühling kam, sagte Gerda: „Kay ist tot und fort."

Doch der Sonnenschein wollte nichts davon hören und die Schwalben auch nicht. Sie sagten: „Wir glauben nicht, dass er tot ist", und dann glaubte Gerda es auch nicht mehr.

So zog sie eines Morgens ihre neuen roten Schuhe an, küsste die Großmutter und ging ganz allein zum Fluss hinunter. Dort setzte sie sich ans Ufer und fragte den Fluss: „Stimmt es, dass du mir meinen Freund weggenommen hast? Wenn du ihn wieder hergibst, will ich dir meine roten Schuhe schenken."

Und weil es so aussah, als würden ihr die Wellen zunicken, warf sie ihre roten Schuhe – das Schönste, was sie hatte – in den Fluss.

Doch die Wellen trugen die Schuhe zurück ans Ufer, als wollte der Fluss sie nicht haben.

Ich habe sie wohl nicht weit genug geworfen, dachte Gerda.

Also kletterte sie in ein Boot, das im Schilf lag, kroch bis zum äußersten Ende und warf die Schuhe erneut ins Wasser. Aber das Boot war nicht festgebunden und glitt fort vom Ufer flussabwärts.

Da erschrak Gerda sehr und musste weinen.
Doch niemand hörte sie, nur die Sperlinge, die
sie trösten wollten und immerfort riefen: „Hier
sind wir! Hier sind wir!"
Immer weiter trieb das Boot, es trieb mit dem
Strom, und Gerda saß ganz still. An beiden
Ufern wuchsen prächtige Blumen und alte
Bäume, und auf den Hängen grasten Kühe und
Schafe. Aber nicht ein Mensch war zu sehen.
„Vielleicht trägt mich der Fluss zu Kay", hoffte
Gerda und bekam gleich bessere Laune.
Ein paar Stunden später entdeckte sie ein
Häuschen mit roten, blauen und gelben
Fensterscheiben. Es stand mitten in einem
Kirschgarten. Auch standen dort zwei
Holzsoldaten, und weil Gerda sie für echte
Soldaten hielt, rief sie ihnen einen Gruß zu.
Aber sie antworteten natürlich nicht.
Stattdessen trat eine alte Frau aus dem Haus.
Sie stützte sich auf einen Krückstock und trug
einen Sonnenhut, über und über mit Blumen
bemalt.

„Du liebes, armes Kind!", sagte die alte Frau. „Wie kommt es bloß, dass du in die Welt hinausgetrieben bist?" Mit ihrem Stock zog sie das Boot an Land und hob Gerda heraus. Endlich wieder auf dem Trockenen! Gerda war sehr froh darüber, wenngleich sie sich ein wenig vor der fremden Frau fürchtete. Dennoch erzählte sie ihr, wie sie auf den Fluss gelangt war auf der Suche nach ihrem Freund Kay. „Hm, hm", sagte die Alte und schüttelte den Kopf. Sie habe Kay auch nicht gesehen, aber Gerda solle erst mal ein paar Kirschen essen und später den Blumengarten anschauen. Die Blumen seien schöner als irgendein Bilderbuch, denn jede Blume könne eine Geschichte erzählen.

Gemeinsam gingen sie ins Häuschen, und die alte Frau schloss die Tür zu. Auf dem Tisch standen dicke rote Kirschen, von denen Gerda sofort kosten musste. Sie durfte so viele essen, wie sie wollte, und während sie aß, kämmte ihr die alte Frau das Haar mit einem goldenen

Zauberkamm. Gerdas Haar schimmerte, und sie sah aus wie die schönste Rose von allen.

„So ein kleines Mädchen habe ich mir schon immer gewünscht", sagte die alte Frau. „Du wirst sehen, wie gut wir zusammenpassen."
Und weil die alte Frau das Mädchen mit ihrem Kamm verzaubert hatte, vergaß Gerda ihren Spielkameraden mehr und mehr.

Die Alte war zwar keine böse Zauberin, aber sie wollte so gern die kleine Gerda behalten. Deshalb ging sie in ihren Garten und verzauberte all ihre Rosenstöcke.

Sie sanken hinunter in die schwarze Erde, sodass niemand mehr sehen konnte, wo sie gestanden hatten. Keine Rose sollte Gerda an die Rosen daheim erinnern, unter denen sie so oft mit Kay gesessen hatte. Dann würde sie bestimmt nicht mehr fortlaufen, um ihn zu suchen.

Jetzt erst führte die alte Frau Gerda in den prächtigen Blumengarten. Oh, wie es hier duftete! Blumen aller Art und aus jeder Jahreszeit standen in üppiger Blüte. Kein Bilderbuch konnte schöner sein! Vor Freude hüpfte Gerda durch die Beete und spielte, bis die Sonne hinter den hohen Kirschbäumen unterging. Dann bekam sie ein schönes Bett, das nach Veilchen roch, und dort träumte sie so herrlich wie eine Prinzessin.

Am nächsten Tag durfte sie wieder mit den Blumen spielen im warmen Sonnenschein, und so ging das viele Tage. Schließlich kannte sie jede Blume. Und doch schien es ihr, als ob eine fehle. Aber welche?

Da betrachtete sie eines Tages die vielen
bunten Blumen auf dem Sonnenhut der alten
Frau, und da wusste sie es auf einmal: Die Rose
fehlte! Die schönste Blume von allen! Die alte
Frau hatte nämlich nicht daran gedacht, auch
die Rose auf ihrem Hut zu entfernen, als sie die
Rosenstöcke im Garten verschwinden ließ.
„Gibt es hier keine Rosen?", rief Gerda. Und sie
suchte und suchte, konnte aber keine einzige
finden. Da setzte sie sich auf einen Stein und
weinte. Und dort, wo ihre Tränen hinfielen,
wuchs plötzlich ein blühender Rosenstock.

Gerade da, wo er versunken war. Und Gerda
umarmte ihn, küsste die Rosen und dachte an
daheim und an Kay.
„Wie bin ich aufgehalten worden! Ich wollte
doch Kay finden", sagte sie zu den Rosen.
„Glaubt ihr, dass er tot ist?"
„Tot ist er nicht", sagten die Rosen. „Wir sind ja
in der Erde gewesen, wo alle Toten sind. Aber
dort war Kay nicht."

„Tausend Dank", sagte Gerda erleichtert und
fragte auch die anderen Blumen nach Kay.
Sie fragte die prächtige Feuerlilie und die
kleinen Schneeglöckchen. Die duftenden
Hyazinthen und die leuchtende Butterblume.
Aber jede Blume stand in der Sonne und
träumte ihr eigenes Märchen. Davon hörte
Gerda viele, aber keine Blume wusste etwas
von Kay.
„Meine arme alte Großmutter", seufzte Gerda.
„Sie hat bestimmt Sehnsucht nach mir und
macht sich Sorgen. Aber ich komme bald wieder
heim und bringe Kay mit! Die Blumen können
mir nicht helfen. Jede von ihnen singt ihr
eigenes Lied."

Dann raffte sie ihr Kleid hoch, um besser laufen zu können, und rannte bis zum Ende des Gartens. Dort rüttelte sie an dem Tor, bis es aufsprang, und lief barfuß in die weite Welt hinaus. Dreimal blickte sie zurück. Aber niemand verfolgte sie.

Zuletzt war sie so erschöpft, dass sie sich auf einen Stein setzte. Und als sie nun um sich schaute, war der Sommer vorbei. Es war Spätherbst, was sie in dem Zaubergarten gar nicht hatte sehen können.

„Mein Gott, wie viel Zeit habe ich verloren", klagte sie. „Ich kann mich jetzt nicht ausruhen." Ringsherum sah es kalt und grau aus, und die letzten Blätter fielen zu Boden. Doch sie wollte weiterlaufen, auch wenn ihre kleinen Füße wund und müde waren.

Vierte Geschichte
Prinz und Prinzessin

Nach einer Weile musste sie doch ausruhen
und setzte sich auf den schneebedeckten
Boden. Da hüpfte eine Krähe zu ihr und sagte:
„Kra, kra! Gun Tag, gun Tag!" Besser konnte sie
die Wörter nicht aussprechen. Doch das kleine
Mädchen tat der Krähe leid, und so fragte sie,
wohin Gerda denn allein unterwegs sei.

Das Wort „allein"
verstand Gerda
sehr gut. Ihr
wurde gleich ganz
traurig zumute, und sie
erzählte der Krähe alles
und fragte auch, ob sie
Kay gesehen habe.

Da antwortete die Krähe: „Könnte sein, könnte sein!"

„Wirklich?", fragte Gerda außer sich vor Freude und drückte die Krähe fest an sich.

„Vorsicht, Vorsicht!", mahnte diese. „Also gut. Ich werde dir erzählen, was ich weiß. Auch wenn der kleine Kay dich vielleicht schon vergessen hat. Denn er wohnt jetzt bei einer Prinzessin. Hier in diesem Königreich.

Und das kam so: Die Prinzessin ist sehr, sehr klug. Doch da sie immer allein auf ihrem Thron saß, wollte sie sich eines Tages verheiraten. Aber nur mit einem Mann, der ebenso klug war wie sie und mit dem sie sich nicht langweilen würde. Vornehmes Aussehen allein reichte ihr nicht. Kurz darauf konnte man in den Zeitungen lesen, dass sich junge, hübsche Männer im Schloss vorstellen sollten. Die Prinzessin beabsichtige zu heiraten und wolle den zum Mann nehmen, der klug und lustig reden könne."

Das hört sich doch alles reichlich verrückt an, dachte Gerda.

Aber die Krähe fuhr fort: „Du kannst glauben, dass ich die Wahrheit sage. Denn ich habe eine Liebste, eine zahme Krähe, die frei im Schloss umherfliegt. Sie hat es mir erzählt.
Jedenfalls strömten viele junge Männer ins Schloss. Gebildete und ungebildete. Nachdenkliche und ungestüme. Doch sobald einer von ihnen die prächtigen Säle sah, die Diener in ihren reich verzierten Kleidern, das Gold und das Silber, verschlug es ihm die Sprache. Und als die jungen Männer endlich vor dem Thron der Prinzessin standen, brachte keiner von ihnen ein Wort heraus."

„Aber was ist mit Kay?", fragte Gerda. „Hat er sich auch vorgestellt?"

„Geduld, Geduld!", mahnte die Krähe. „Wir sind gleich so weit. Am dritten Tag kam ein kleiner Bursche, lustig und guter Dinge, auf das Schloss zumarschiert. Seine Augen blitzten wie deine. Und er hatte langes seidiges Haar, aber er trug ärmliche Kleider."

„Das war Kay!", jubelte Gerda.

„Er trug einen
Ranzen auf seinem
Rücken", fuhr die Krähe fort.
„Kein Ranzen!", rief Gerda dazwischen. „Das
war bestimmt sein Schlitten."
„Mag sein", sagte die Krähe. „So genau habe
ich nicht hingeschaut. Meine Liebste hat mir
erzählt, dass er frohen Mutes durch das
Schlosstor kam und nicht im Geringsten
verlegen war. Ganz im Gegenteil!

Als er die reich geschmückte Leibgarde erblickte, scherzte er mit den Wächtern und betrat, ohne zu zögern, den Thronsaal. Seine Stiefel knarrten fürchterlich, aber davon hat er sich nicht stören lassen."

„Das ist ganz gewiss Kay!", sagte Gerda. „Er hat nämlich neue Stiefel, und die habe ich knarren gehört in der Stube der Großmutter."

„Ja, seine Stiefel knarrten ganz entsetzlich", wiederholte die Krähe. „Dennoch ging er geradewegs auf die Prinzessin zu, die auf einer Perle saß, so groß wie ein Spinnrad. Alle Hofdamen und die gesamte Dienerschaft waren dort versammelt."

„Das muss zum Fürchten gewesen sein", sagte die kleine Gerda. „Und Kay hat die Prinzessin trotzdem bekommen?"

„Er soll heiter und gut gesprochen haben", fuhr die Krähe fort. „Und er wollte übrigens gar nicht heiraten. Er war nur gekommen, um die klugen Worte der Prinzessin zu hören. Und die gefielen ihm, und er wiederum gefiel ihr."

„Das war ganz sicher Kay!", sagte Gerda. „Er ist
so klug. Du musst mich unbedingt ins Schloss
bringen."

„Das geht nicht so einfach, wie du dir das
vorstellst", entgegnete die Krähe. „Ich werde
meine Liebste fragen, was sie tun kann, um dir
diesen Wunsch zu erfüllen. Warte hier auf
mich."

Dann flog die Krähe davon. Erst im Dunkeln
kehrte sie zurück. Mit einem kleinen Brot für
Gerda und Grüßen von der zahmen Krähe.

„Ich führe dich jetzt zu meiner Liebsten", sagte
die Krähe. „Sie kennt eine Hintertreppe, die zum
Schlafzimmer hinaufführt. Und sie weiß auch,
wo sie den Schlüssel dazu finden kann."

Über eine Hintertür gelangten sie zu der
Treppe. Dort brannte eine Lampe auf einem
Schrank, und mitten auf dem Boden wartete
bereits die zahme Krähe.

Gerdas Herz klopfte vor Angst und
Sehnsucht. Ob Kay sich
freuen würde, sie zu

170

sehen? Bestimmt würde er das.
Sie musste ihm unbedingt
erzählen, welch weiten Weg sie
seinetwegen zurückgelegt hatte. Wie
aufregend das alles war!
Gerda verneigte sich vor der
zahmen Krähe, wie die
Großmutter sie gelehrt
hatte.
Die Krähe betrachtete
Gerda eine ganze Weile
und sagte dann: „Mein
Verlobter hat mir viel
Gutes über Sie erzählt, mein
kleines Fräulein. Ihr
Schicksal ist in der Tat sehr
rührend. Bitte nehmen Sie
die Lampe und folgen Sie
mir! Wir gehen den
geraden Weg, denn
da begegnen wir
niemandem.“

Bald betraten sie den
ersten Saal. Er war mit
rosenrotem Stoff
verkleidet und mit
künstlichen Blumen geschmückt. Ein Saal war
immer noch prächtiger als der andere. Am
prächtigsten aber war das Schlafzimmer. Die
Decke hier glich einer großen Palmenkrone mit
Blättern aus kostbarem Glas, und aus den
Palmwedeln herab hingen zwei Betten, von
denen eines wie eine weiße Lilienblüte aussah
und eines wie eine rote. In dem weißen Bett
schlief die Prinzessin, in dem roten lag der
Prinz.
Als Gerda nun ein rotes Blütenblatt zur Seite
bog, sah sie einen braunen Nacken. Es war

Kay! Sie rief ganz laut seinen Namen und hielt
die Lampe über ihn. Da erwachte er, drehte den
Kopf und – es war nicht der kleine Kay! Der
Prinz war ihm nur sehr ähnlich.
Inzwischen war auch die Prinzessin erwacht.
Sie guckte aus ihrem Lilienbett heraus und
fragte, was da vor sich gehe. Nun weinte Gerda
und erzählte ihre ganze Geschichte und alles,
was die Krähen für sie getan hatten.

Zum Glück waren der Prinz und die Prinzessin nicht böse auf Gerda und die Krähen. Sie sollten so etwas zwar nicht öfter tun, aber jetzt hätten sie eine Belohnung verdient. Die Krähen sollten beide eine feste Anstellung im Schloss erhalten, und der Prinz überließ Gerda sein rotes Lilienbett. Da konnte sie sich endlich einmal ausschlafen. Und sie träumte von Kay, wie er auf einem Schlitten saß und ihr zunickte.

Am nächsten Tag wurde Gerda von Kopf bis Fuß in Samt und Seide gekleidet. Sie hätte noch länger auf dem Schloss bleiben können, aber sie bat um eine Kutsche und ein Paar Stiefel. Denn sie wollte wieder in die Welt hinausfahren und Kay suchen. Sie erhielt sowohl Stiefel als auch einen Muff, um ihre Hände zu wärmen, und eine Kutsche aus purem Gold. Innen war die Kutsche mit Zuckerbrezeln gefüttert, und im Sitz waren Früchte und Pfeffernüsse.
Als Gerda aufbrechen wollte, halfen ihr der Prinz und die Prinzessin in die Kutsche und

wünschten ihr alles Glück der Welt. Die
Waldkrähe begleitete sie noch ein Stück, und
die zahme Krähe winkte mit den Flügeln.

Sie wollte lieber im Schloss
bleiben, denn sie litt jetzt häufig
an Kopfweh, seit sie fest angestellt
war und zu viel zu essen bekam.
„Leb wohl, leb wohl!", riefen Prinz und
Prinzessin, und Gerda weinte, und die zahme
Krähe weinte auch.
Nach der ersten Meile musste Gerda auch der
Waldkrähe Lebewohl sagen. Das war der
schwerste Abschied. Die Krähe flog auf einen
Baum und schlug mit ihren schwarzen Flügeln,
bis der Wagen, der wie Sonnenschein glänzte,
hinter den Hügeln verschwunden war.

Fünfte Geschichte
Das kleine Räubermädchen

Sie fuhren durch den dunklen Wald, aber der
Wagen leuchtete hell. Das reizte die Räuber,
und sie konnten es nicht ertragen.
„Das ist Gold! Das ist Gold!", riefen sie und
hielten die Kutsche an.
Ein altes Räuberweib zog die kleine
Gerda aus dem Wagen
und sagte: „Sie ist fett,
sie ist reizend, sie ist
mit Nüssen
gemästet!
Sie schmeckt
bestimmt so gut
wie ein fettes
junges Lamm!"

177

Im gleichen Moment wurde sie ins Ohr
gebissen. Von ihrer eigenen Tochter, die auf
ihrem Rücken hing und wild herumstrampelte.
„Du widerliches Balg!", schrie die Mutter die
Tochter an und ließ Gerda los.
„Sie soll mit mir spielen und mir ihren Muff und
ihr schönes Kleid geben und in meinem Bett
schlafen", kreischte das Räubermädchen und
biss wieder zu.
„Ich will auch in die Kutsche!", rief es und saß
schon neben Gerda. „Sie werden dir nichts tun,
solange ich nicht böse auf dich bin. Bestimmt
bist du eine Prinzessin."
Da erzählte Gerda dem Räubermädchen alles,
was sie erlebt hatte, und auch, wie sehr sie den
kleinen Kay vermisste.
„Heute Nacht sollst du mit mir bei meinen Tieren
schlafen", sagte das Räubermädchen, als sie im
Räuberschloss ankamen. „Ich habe fast hundert
Tauben, und hier steht mein Allerliebstes!"
Dabei zog sie ein Rentier am Geweih hervor.
„Ich kitzele es gern mit meinem Messer."

Das Räubermädchen kicherte und zog Gerda mit auf das Schlaflager. „Und nun erzähle mir noch einmal, was du mir vorhin von dem kleinen Kay erzählt hast. Und warum du in die Welt hinausgegangen bist."

So begann Gerda ihre Geschichte wieder von vorn. Und die Waldtauben gurrten in ihren Käfigen, während das Räubermädchen schnarchend einschlief. Gerda aber lag lange wach. Was hatten die schrecklichen Räuber wohl mit ihr vor? Sie musste doch Kay finden!

Da sagten die Waldtauben plötzlich: „Gurre, gurre! Wir haben den kleinen Kay gesehen. Er saß im Schlitten der Schneekönigin. Gurre, gurre!"

„Was sagt ihr da?", rief Gerda. „Wohin reiste sie mit ihm?"

„Sie reiste sicher nach Lappland", sagten die Tauben. „Frag das Rentier."

Und das Rentier erklärte: „Dort hat die Schneekönigin ihr Sommerzelt. Aber ihr

Schloss ist oben am Nordpol, auf der Insel Spitzbergen."

Am nächsten Morgen erzählte Gerda dem Räubermädchen alles, was die Waldtauben gesagt hatten. Da versprach das Räubermädchen, Gerda zu helfen. Und sie hielt Wort. Als die Räubermutter tief und fest schlief, löste das Mädchen die Schnur des Rentiers und sagte zu ihm: „Du musst Gerda zum Schloss der Schneekönigin bringen. Und du weißt auch warum, denn du hast gelauscht."

Das Rentier freute sich sehr und Gerda erst! Das Räubermädchen hob sie auf das Rentier, band sie fest und gab ihr dazu ein Kissen und ein Paar Fausthandschuhe. „Die sind von meiner hässlichen Mutter", sagte es. „Und da hast du noch zwei Brote und einen Schinken."

Gerda bedankte sich bei dem Räubermädchen, und dann trabte das Rentier davon – durch den großen Wald, über Sümpfe und Steppen. Die Wölfe heulten, und die Raben krächzten, und am Himmel leuchtete es.

„Das ist das Nordlicht", sagte das Rentier. „Sieh, wie es flackert!" Und dann lief es noch schneller, Tag und Nacht. Die Brote wurden gegessen, der Schinken dazu, und dann waren sie in Lappland.

Sechste Geschichte
Die Lappin und die Finnin

Vor einem kleinen, armseligen Häuschen
machten sie Halt. Das Dach ging bis zur Erde,
und die Bewohner mussten kriechen, um sich
durch die Tür zu zwängen. Außer einer Lappin,
die Fisch briet, war niemand da.
Das Rentier erzählte ihr zuerst seine
Geschichte, dann Gerdas. Denn Gerda war vor
Kälte so erstarrt, dass sie nicht sprechen
konnte. Die Lappin erklärte ihnen,
dass sie noch viele, viele
Meilen laufen müssten.

Erst dann würden sie das Innere der Finnmark erreichen. Dort wohne die Schneekönigin und lasse jeden Abend blaue Flammen am Himmel auflodern. „Die Finnin dort oben kann euch weiterhelfen. Ich werde ihr ein paar Worte auf einen trockenen Stockfisch schreiben."

So zogen sie weiter mit dem Brief der Lappin im Gepäck, bis zur Finnmark. Dort klopften sie an den Schornstein der Finnin, denn die Hütte hatte nicht einmal eine Tür. Drinnen war es schrecklich heiß. Die Finnin legte dem Rentier

ein Stück Eis auf den Kopf und zog Gerda
Handschuhe und Stiefelchen aus. Dann las sie
den Brief der Lappin, bis sie ihn auswendig
konnte.
Das Rentier erzählte wieder seine Geschichte
und dann die der kleinen Gerda. „Du bist so
klug und kannst wundersame Dinge tun", sagte
es schließlich zu der Finnin. „Willst du dem
kleinen Mädchen nicht einen Trank geben, der
ihm die Kraft von zwölf Männern verleiht? Dann
könnte Gerda die Schneekönigin besiegen."

185

„Die Zwölf-Männer-Kraft würde sicher nicht ausreichen", sagte die Finnin. Doch als sie in Gerdas tränennasse Augen sah, die so sehr um Hilfe flehten, zog sie das Rentier zu sich und flüsterte: „Der kleine Kay ist schon lange bei der Schneekönigin, und dort gefällt es ihm sehr gut. Aber das kommt von dem Glassplitter in seinem Herzen und von dem Glassplitter in seinem Auge. Die müssen heraus, sonst bleibt sein Herz kalt und die Schneekönigin behält ihre Macht über ihn."

„Aber kannst du der kleinen Gerda nicht eine noch größere Macht verleihen?", bat das Rentier.

Da entgegnete die Finnin: „Ich kann ihr keine größere Macht geben, als sie schon besitzt. Siehst du nicht, wie groß diese ist? Wie sie auf nackten Füßen so weit in der Welt vorangekommen ist? Ihre Macht sitzt in ihrem Herzen und besteht darin, dass sie ein unschuldiges Kind ist. Nur sie allein kann in das Schloss der Schneekönigin eindringen und den

kleinen Kay befreien. Zwei Meilen von hier
beginnt der Garten der Schneekönigin. Dorthin
sollst du Gerda tragen. Setze sie bei dem Busch
mit den roten Beeren ab und kehre dann gleich
wieder zurück."
Kurz darauf hob die Finnin die kleine Gerda auf
das Rentier, und das lief auf der Stelle los, so
schnell, wie es nur konnte. In der Eile hatte
Gerda ihre Fausthandschuhe vergessen.

Aber das Rentier wagte nicht anzuhalten, trotz der schneidenden Kälte. An dem Busch mit den roten Beeren setzte es Gerda ab.

Nun stand das kleine Mädchen mitten in der eiskalten Finnmark und fror entsetzlich. Sie lief vorwärts, so rasch sie konnte.

Da tauchten plötzlich Schneeflocken vor Gerda auf. Aber die Flocken fielen nicht vom Himmel, sondern flogen dicht über der Erde entlang. Und je näher sie kamen, umso größer wurden sie. Gerda erkannte, dass sie lebendig waren. Sie waren die Vorposten der Schneekönigin. Manche von ihnen sahen aus wie hässliche Stachelschweine, wieder andere wie verknotete Schlangen. Da betete Gerda ihr Vaterunser. Wie Rauch stand ihr dabei der Atem vor dem Mund, und er wurde dichter und dichter und formte sich schließlich zu kleinen Engeln. Sie hatten Helme auf dem Kopf und hielten Speer und Schild in den Händen. Mit ihren Speeren stachen sie in die schrecklichen Schneeflocken, die in hundert Stücke zersprangen.

Und die kleine Gerda konnte frohen Mutes ihren
Weg fortsetzen.
Aber nun müssen wir sehen, wie es Kay geht.
Er dachte nicht mehr an die kleine Gerda, und
am allerwenigsten ahnte er, dass sie draußen
vor dem Schloss stand.

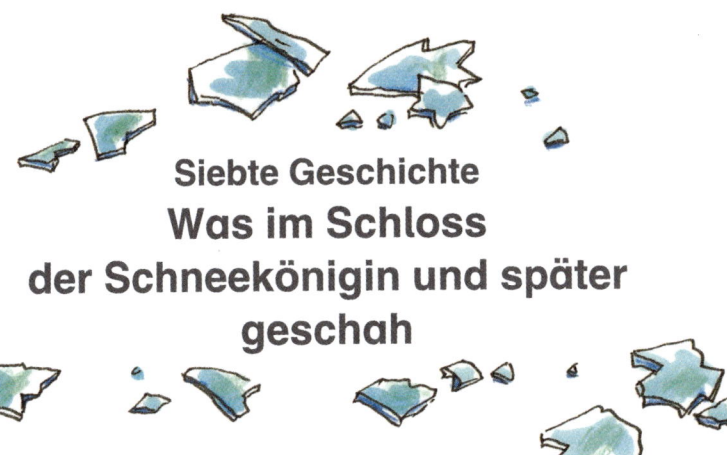

Siebte Geschichte
Was im Schloss der Schneekönigin und später geschah

Die Mauern des Schlosses waren aus dichtem Schnee und Fenster und Türen aus eiskalten Winden. Über hundert Säle reihten sich aneinander, gerade so, wie der Schnee sie zusammengeweht hatte. Der größte Saal war viele Meilen lang und wie alle Säle leer und eisig. Nie gab es hier einen lustigen Eisbärenball oder eine Spielgesellschaft. Nie einen Kaffeeklatsch der Polarfuchsfräulein. Hier herrschte allein die Schneekönigin.

Sie thronte auf einem gefrorenen See, der in tausend Stücke gesprungen war. Der kleine Kay war blau vor Kälte. Aber er merkte es nicht, weil ihm die Schneekönigin den Kälteschauer weggeküsst hatte.

Er legte Figuren aus flachen Eisstücken. Figuren, die ganze Wörter ergaben, aber nie konnte er herausfinden, wie sich das Wort „Ewigkeit" zusammensetzte. Dabei hatte die Schneekönigin gesagt: „Kannst du mir dieses Wort legen, dann sollst du dein eigener Herr sein. Und ich schenke dir die ganze Welt und ein Paar neue Schlittschuhe."

Aber er konnte es nicht. Bald darauf flog die Schneekönigin in die warmen Länder und ließ Kay allein zurück in dem großen, leeren Schloss. Und während er über seinen Eisstücken saß, trat Gerda durch das Tor in die kalten Säle. Die Winde legten sich, und Gerda sah Kay. Sie flog ihm um den Hals, hielt ihn umschlungen und rief: „Kay, lieber, süßer Kay! Endlich habe ich dich gefunden."

Aber Kay starrte nur vor sich hin und erkannte sie nicht. Da musste Gerda weinen. Ihre heißen Tränen fielen auf Kays Brust, drangen in sein Herz und tauten den Eisklumpen auf. Endlich blickte er sie an. Und sie sang:

„Die Rosen, sie blühn und verwehn,
bald sollt ihr das Christkindlein sehn."

Ihr altes Lied! Ihr schönes, altes Lied. Kay brach in Tränen aus, so gerührt war er. Er weinte und weinte, bis der Glassplitter aus seinem Auge geschwemmt wurde. Und da erkannte er Gerda und jubelte: „Wo bist du nur so lange gewesen? Und wo bin ich gewesen? Und wie kalt ist es hier, wie leer und groß?"
Sie hielten sich aneinander fest und lachten und weinten vor Freude. Gerda küsste ihren Kay, bis seine Wangen sich röteten und seine Augen leuchteten. Gemeinsam wanderten sie aus dem Schloss hinaus. Dabei sprachen sie von der Großmutter und den Rosen oben auf dem Dach.

An dem Busch mit den roten Beeren aber
wartete das Rentier. Es hatte ein anderes
Rentier mitgebracht mit einem Euter voll Milch,
und davon durften Kay und Gerda trinken.
Die Rentiere brachten sie zuerst zur Finnin, wo
sie sich aufwärmen konnten, und dann zur
Lappin. Sie nähte ihnen Kleider und reparierte
den Schlitten. Jetzt konnten sie Abschied
nehmen und sich auf den Heimweg machen.
Und wie Kay und Gerda so gingen, Hand in
Hand, war es Frühling geworden.

Die Kirchenglocken läuteten, und sie erkannten die Stadt, in der sie wohnten. Rasch liefen sie zum Haus der Großmutter. Und als sie in die Stube traten, wo alles wie früher war, merkten sie, dass sie erwachsen geworden waren. Sie setzten sich auf ihre Kinderstühle, und die Rosen wuchsen blühend zum Fenster herein. Wie einen bösen Traum hatten Gerda und Kay die kalte, leere Herrlichkeit bei der Schneekönigin vergessen.

Großmutter saß in der Sonne und las ihnen aus der Bibel vor: „Wenn ihr nicht umkehret und werdet wie die Kinder, so werdet ihr nicht ins Himmelreich kommen!" Da saßen die beiden, erwachsen und doch Kinder. Kinder im Herzen. Und es war Sommer. Warmer, herrlicher Sommer.

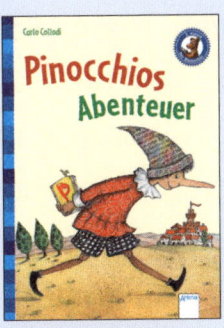

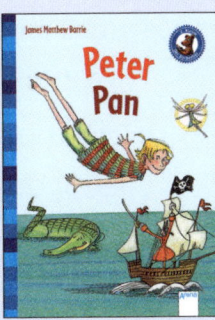

**Eine Weihnachts-
geschichte**
978-3-401-70113-4

Pinocchios Abenteuer
978-3-401-70051-9

Peterchens Mondfahrt
978-3-401-70531-6

Peter Pan
978-3-401-70491-3

Jeder Band: Ab 7/8 Jahren · **Klassiker für Erstleser** · Durchgehend farbig illustriert
72 Seiten · Gebunden · Format 15,3 x 20,5 cm

Mit Bücherbärfigur am
Lesebändchen

Flattersatz ohne
Trennungen

Textbegleitende
Illustrationen

Fibelschrift

Als d'Artagnan beim Kloster eintraf, saß dort
der Invalide bereits auf einem Stein. „Ich habe
zwei Freunde als Zeugen eingeladen", sagte
und zeigte dabei auf zwei Musketiere. Der eine
war groß wie ein Riese, der andere von
schlankerer Gestalt.
„Das sind Eure Freunde?", amüsierte sich
d'Artagnan.
Als die beiden Musketiere herankame
brachen auch sie in schallendes Gelächter aus.
„Lieber Athos", wieherte der größer von
beiden. „Mit diesem Herrn bin ich
ebenfalls verabredet!"

Und der zweite ergänzte: „Und ich auch! Er
muss verrückt sein. Drei Duelle an einem
Nachmittag!"
„Darum sollten wir uns sputen", riet d'Artagnan.
Er und der größere zogen fast gleichzeitig die
Degen. Und schon ging es los mit dem Stechen
und Schlagen. Mal lag der Vorteil bei dem einen,
dann winkte wieder dem anderen das Glück. Als
es gerade auf d'Artagnans Seite war, erschien
die Woche des Kardinals.
„Sofort die Degen nieder!", befahl ihr
Kommandeur. „Im Namen des Kardinals! Ihr
seid verhaftet!"

Innenseite aus »Die drei Musketiere«
ISBN 978-3-401-09508-0

In Zusammenarbeit mit
westermann